**Topologia da violência**

**Dados Internacionais de Catalogação na Publicação (CIP)**
**(Câmara Brasileira do Livro, SP, Brasil)**

Han, Byung-Chul
  Topologia da violência / Byung-Chul Han ; tradução de Enio Paulo Giachini. – Petrópolis, RJ : Vozes, 2017.
  Título original : Topologie der Gewalt.

4ª reimpressão, 2021.

ISBN 978-85-326-5505-9

1. Poder (Ciências Sociais) 2. Violência I. Título.

17-04504                                    CDD-303.6

Índices para catálogo sistemático:
1. Violência : Sociologia   303.6

**BYUNG-CHUL HAN**
**Topologia da violência**

Tradução de Enio Paulo Giachini

Petrópolis

© 2011 Matthes & Seitz Verlag Berlin.

Tradução realizada a partir do original em alemão intitulado
*Topologie der Gewalt*.

Direitos de publicação em língua portuguesa – Brasil:
2017, Editora Vozes Ltda.
Rua Frei Luís, 100
25689-900 Petrópolis, RJ
www.vozes.com.br
Brasil

Todos os direitos reservados. Nenhuma parte desta obra poderá ser reproduzida ou transmitida por qualquer forma e/ou quaisquer meios (eletrônico ou mecânico, incluindo fotocópia e gravação) ou arquivada em qualquer sistema ou banco de dados sem permissão escrita da editora.

**CONSELHO EDITORIAL**

**Diretor**
Gilberto Gonçalves Garcia

**Editores**
Aline dos Santos Carneiro
Edrian Josué Pasini
Marilac Loraine Oleniki
Welder Lancieri Marchini

**Conselheiros**
Francisco Morás
Ludovico Garmus
Teobaldo Heidemann
Volney J. Berkenbrock

**Secretário executivo**
João Batista Kreuch

*Editoração*: Eliana Moura Carvalho Mattos
*Diagramação*: Mania de criar
*Revisão gráfica*: Nilton Braz da Rocha
*Projeto de capa*: Pierre Fauchau
*Arte-finalização*: Sérgio Cabral

ISBN 978-85-326-5505-9 (Brasil)
ISBN 978-3-88221-495-6 (Alemanha)

Editado conforme o novo acordo ortográfico.

Este livro foi composto e impresso pela Editora Vozes Ltda.

# Sumário

*Introdução*, 7

**Primeira parte – Macrofísica da violência, 13**

1 Topologia da violência, 15

2 Arqueologia da violência, 27

3 Psique da violência, 51

4 Política da violência, 83

   4.1 Amigo e inimigo, 83

   4.2 Direito e violência, 104

5 Macrológica da violência, 137

**Segunda parte – Microfísica da violência, 157**

1 Violência sistêmica, 159

2 Microfísica da violência, 171

3 Violência da positividade, 185

4 Violência da transparência, 201

5 O meio é a era da massa, 213

6 Violência rizomática, 229

7 Violência global, 241

8 *Homo liber*, 255

# Introdução

Há coisas que não desaparecem; dentre elas está a violência. A aversão à violência não é algo característico da Idade Moderna[1]. Ela é apenas proteica e, dependendo da constelação social, suas formas de manifestação se modificam. Hoje ela se retira para espaços subcutâneos, subcomunicativos, capilares e neuronais, adotando uma forma microfísica, que pode ser exercida até mesmo sem a negatividade do domínio ou da inimizade. Ela se desloca do caráter visível para o invisível, do frontal para o viral, da força bruta para a medial, do real para o virtual, do físico para o

---

1. Quando J.P. Reemtsma fala da aversão e da deslegitimação da violência na Modernidade, não tem em mente apenas a violência física. Ele leva em consideração a violência sistêmica ou formas sutis dela. Cf. REEMTSMA, J.P. *Vertrauen und Gewalt* – Versuch über eine besondere Konstellation der Moderne. Hamburgo, 2008.

psíquico, do negativo para o positivo, e volta a se recolher para espaços subcutâneos, subcomunicativos, capilares e neuronais, de modo que surge a falsa impressão de que ela teria desaparecido. Atualmente torna-se totalmente invisível quando se confunde e se identifica com seu contraponto: a liberdade. Assim, a violência marcial dá lugar ao poder anônimo, des-subjetivado e se esconde no poder sistêmico, que coincide com a sociedade.

A topologia da violência volta-se de imediato àquelas manifestações macrofísicas da violência que aparecem na forma de negatividade, i. e., que se desdobram em relações de tensão bipolares: *ego* e *alter*, *dentro* e *fora*, *amigo* e *inimigo*. Em geral essas manifestações se apresentam de forma expressiva, explosiva, massiva e marcial. Pertencem à topologia da violência o poder arcaico da violência (*Gewalt*), do sacrifício e do sangue, o poder mítico dos deuses ciumentos e vingativos, o poder de impingir a morte por parte do soberano, a violência de tortura, a violência sem sangue das câmaras de gás ou a violência viral do terrorismo. A violência macrofísica pode adotar ainda uma forma mais sutil e vir expressa, por exemplo, como violência da linguagem. À maneira da violência física, a violência da linguagem reside amplamente na negatividade, pois ela é di-famante, des-credenciadora, de-gradante ou des-abonante. Enquanto violência da negatividade, distingue-se da *violência da positividade*, que parte da "spamização" da linguagem, da supercomunicação, da superinformação, da massa de linguagem, de comunicação e de informação.

A sociedade de hoje se desonera cada vez mais da negatividade do outro e do que é alheio. É justamente o processo de globalização que acelera a suspensão de barreiras e de diferenciação. Mas a desconstrução da negatividade não pode ser equiparada ao desaparecimento da violência, pois ao lado da violência da negatividade há a violência da positividade, que é exercida sem qualquer inimizade ou predomínio. Poder não é apenas o excesso de negatividade, mas também o excesso de positividade, a desmedida *do positi-*

*vo*, que se expressa como superdesempenho, superprodução e supercomunicação, como um hiperchamar a atenção e hiperatividade. Ocasionalmente, a violência da positividade é mais fatal do que a violência da negatividade, pois falta-lhe toda e qualquer visibilidade e abertura; em virtude de sua positividade ela se suprime, inclusive, da defesa imunológica. Infecção, invasão e infiltração – características da violência da negatividade – só abrem espaço para os infartos.

O sujeito de desempenho pós-moderno é livre na medida em que não está exposto a qualquer tipo de repressão por instâncias de domínio externas a ele. Mas, na realidade, ele não é livre do mesmo modo que o sujeito da obediência. Quando a repressão externa é superada surge a pressão interna. Desse modo, o sujeito de desempenho desenvolve uma depressão e a violência continua se propagando a passos largos, apenas em seu interior. A *decapitação* na sociedade da soberania, a *deformação* na sociedade disciplinar e a *depressão* na sociedade de desempenho são estágios da mudança topológica da violência, que é sempre mais internalizada, psicologizada e, assim, acaba se tornando invisível. Ela vai se livrando mais e mais da negatividade do outro ou do inimigo, tornando-se autorreferente.

# Primeira parte
# Macrofísica da violência

# 1
# Topologia da violência

Os gregos chamavam a tortura de ἀνάγκαι. ἀναγαῖος, que significa "necessário" ou "indispensável". A tortura era percebida e tida como um destino ou uma lei da natureza (ἀνάγκη). Aqui temos diante de nós uma sociedade que sanciona a violência psíquica como meio para um fim. É uma sociedade do sangue, que deve ser distinguida da sociedade moderna, isto é, da sociedade da alma. Naquele tipo de violência os conflitos eram eliminados pelo emprego da força (*Gewalt*), isto é, de chofre. Ali, a violência exterior alivia a alma, pois ela externaliza o sofrimento. A alma não se afunda em um diálogo atormentador consigo mesma. Na Modernidade, a violência assume uma forma tornada psíquica, psicologizada, internalizada; ela adota formas intrapsíquicas. As energias não são descarregadas de modo diretamente afetivo, mas são *pro-cessadas*, trabalhadas psiquicamente.

A mitologia grega está repleta de sangue e de corpos mutilados. Para os deuses, a violência é um método evidente, natural para alcançar seus objetivos e para impor sua vontade própria. É assim, por exemplo, que Bóreas, o deus dos ventos do norte, justifica seu procedimento violento: "Por longo tempo o deus se dispensou da escolhida Oreithya, enquanto pleiteava por ela e só tentava conquistá-la através de rogos, em vez de usar de violência. Mas visto que a palavra divina não trazia resultados, ele enlouqueceu de raiva, como de costume, e próprio apenas aos ventos do norte: 'Pois bem, então é assim?!', disse ele, 'Por que também deixamos de lado nossas armas, a tempestuosidade e a violência, a fúria e o rosnar ameaçador? Por que eu me permiti lidar erroneamente só com pedidos razoáveis? É meu direito agir com violência'"[2]. Além disso,

---

2. OVID. *Metamorphosen*, livro 6, 683ss.

a Grécia antiga era uma cultura efervescente, e os afetos virulentos que a caracterizavam tomavam formas violentas. O javali, que mata o belo jovem Adônis a dentadas, incorpora a violência instalada na cultura efervescente e afetiva. Depois da morte de Adônis o Javali teria dito: Com seus "dentes erotizados" (ἐρωτικοὺς ὀδόυτας), de modo algum ele o teria ferido, mas queria apenas acariciá-lo. É nesse paradoxo que a cultura do afeto e do instinto sucumbe.

Na era Pré-moderna a violência estava presente por todo lado e podia ser vista no universo cotidiano; era uma parte constitutiva essencial da práxis e da comunicação social. Por isso, não era somente exercida, mas também focalizada e exposta. O governante manifestava seu poder (*Macht*) por meio da violência mortífera, do sangue. O teatro da crueldade que ocorria nas praças públicas encenava seu poder e seu domínio. A violência e sua encenação teatral, portanto, eram parte essencial do exercício do poder (*Macht*) e do domínio.

Na antiguidade romana, *Munera* designava o serviço prestado à publicidade; *munus* era o presente esperado por alguém que detinha um ofício. Um dos *munera* era o *munus gladiatorium*, sendo que a verdadeira luta dos gladiadores formava apenas uma pequena parte do *munus gladiatorium*[3]. Infinitas vezes mais cruel do que as lutas dos gladiadores eram os preparativos do meio-dia que precediam as lutas. Ao lado do *damnatio ad gladium* (morte pela espada) e da *damnatio ad flammas* (morte pelo fogo) existia igualmente a modalidade de morte *damnatio ad bestias*, na qual os criminosos eram lançados como alimento a animais predadores famintos, para serem devorados a dentadas. O *munus gladiatorium* não era apenas uma mera diversão das massas, como meio de satisfazer seu instinto agressivo. Mas também nessa prática havia nele um significado político. No teatro da crueldade entrava em cena o poder (*Macht*) do soberano

---

3. Cf. GÜNTHER, L. & OBERWEIS, M. (ed.). *Inszenierungen des Todes*: Hinrichtung – Martyrium – Schänclung. Berlim et al., 2006, p. 37.

como poder da espada. Desse modo, o *munus gladiatorium* era parte constitutiva e essencial do culto ao imperador; a pomposa encenação da violência mortal manifestava o poder e o domínio do governante, que lançava mão da simbologia do sangue. A violência pela força bruta fazia as vezes de uma insígnia de poder. Nesse aspecto a violência não se escondia, mas era visível e manifesta; não passava por qualquer tipo de vergonha, mas era convincente e significativa. Tanto na cultura arcaica quanto na Antiguidade a encenação da violência era parte constitutiva integral e central da comunicação social.

Na Idade Moderna é cada vez mais comum que a violência da força bruta vá perdendo legitimidade não só no cenário político, mas também em quase todos os níveis da sociedade. É como se ela fosse sendo desprovida de todo e qualquer *palco*. As execuções acontecem em espaços aos quais o público em geral não tem acesso; a violência do homicídio já não é colocada sob visibilidade. Como expressão dessa mudança topológica também podemos citar os campos de concentração, que já não são palco que encena a violência homicida, localizada principalmente nas periferias. O palco da violência de sangue, que marca a sociedade da soberania, dá lugar à câmara de gás exangue, sem despertar a atenção do público em geral. Em vez de uma encenação ostentatória a violência se esconde *envergonhada*. É bem verdade que continua a ser exercida, mas é retirada da encenação pública. Não chama atenção sobre si mesma; falta-lhe qualquer tipo de linguagem e simbologia. Ela não anuncia nada; realiza-se como uma aniquilação sem linguagem, muda. O muçulmano é uma vítima da violência, que já está se tornando envergonhado, pois é visto como criminoso, e se renega. Depois de sua deslegitimação, a violência homicida do soberano abandonou o espaço público como seu *lugar*. O campo de concentração é um *não lugar* (*Ab-ort*). Nisso ele se distingue do presídio, que continua sendo um *lugar*.

O fim da sociedade pré-moderna da soberania como sociedade do sangue submeteu a violência a uma mudança topológica. Ela já não é uma parcela de comunicação política e social, mas retira-se para espaços subcomunicativos, subcutâneos, capilares, intrapsíquicos. Desloca-se do visível para o invisível, do direto para o discreto, do físico para o psíquico, do marcial para o medial e do frontal para o viral. Não se dá confrontação, mas contaminação; não se dá ataque aberto, mas infecção oculta. Esses são seus modos de atuação, e essa modificação estrutural da violência é que domina cada vez mais sua ocorrência. Também o terrorismo compõe suas forças destrutivas não de modo frontal, mas disseminando-se como um vírus, para operar de forma invisível. Também a ciberguerra, a forma de guerra típica do século XXI, opera de forma viral. A viralidade subtrai a violência de toda e qualquer visibilidade e publicidade, sendo que o próprio agressor se torna invisível. Os vírus digitais, que preferem *infectar* a atacar, dificilmente deixam rastros que possam levar aos seus propagadores. Mesmo assim, essa violência viral é uma violência da *negatividade*. Nela, continua sendo registrada a bipolaridade do algoz e da vítima, do bem e do mal ou do amigo e do inimigo.

A internalização psíquica é um dos deslocamentos topológicos centrais da violência na Modernidade; a violência toma forma de conflito intrapsíquico. Tensões destrutivas são suportadas internamente, em vez de serem descarregadas para fora; o *front* de batalha não se desenrola externamente, mas dentro das pessoas: "A cultura doméstica vence a perigosa voluptuosidade agressiva do indivíduo, enfraquecendo, desarmando, vigiando e controlando-o através de uma instância que está dentro dele, à maneira da ocupação de uma cidade conquistada"[4]. Freud vê essa instância de controle e vigilância intrapsíquica na consciência moral como lugar de inversão da violência: "cometemos inclusive a heresia de declarar o surgimento de nossa consciência moral através dessa guinada da agressão para dentro"[5]. A agressão contra os outros

---

4. FREUD, S. *Das Unbehagen in der Kultur* — Und andere kulturtheoretische Schriften. Frankfurt a. M., 1994, p. 87.

5. Ibid., p. 173.

transformou-se em autoagressão, e quanto mais uma pessoa refreia sua agressão contra eles, mais rigorosa e coercitiva se torna sua consciência moral[6].

Também a técnica de dominação lança mão da internalização da violência. Ela provê mecanismos para que o sujeito de obediência internalize as instâncias de domínio exteriores transformando-as em parte componente de si. Com isso, exerce-se o domínio com muito menos desgaste. Também a violência simbólica é uma modalidade que se serve do automatismo do costume. Ela se inscreve nas coisas autoevidentes e naturais, nos modelos de percepção e de comportamento que se tornaram hábito. A violência, de certo modo, é *naturalizada*. Sem o emprego de violência física, marcial, ela provê as condições para que as relações de domínio vigentes se mantenham. Também a técnica disciplinar se serve da internalização psíquica da coerção. Com

---

6. Cf. FREUD, S. Das ökonomische Problem des Masochismus. In: *Das Ich und das Es* – Metapsychologische Schriften. Frankfurt a. M., 1992, p. 309.

intervenções refinadas e discretas, ela penetra nos ductos neuronais e nas fibras musculares do indivíduo, submetendo-o à coerção e aos imperativos ortopédicos e neuropédicos. A violência massiva da *decapitação*, que predominava na sociedade da soberania, cedeu lugar à violência de uma *deformação* gradativa e subcutânea.

O sujeito de desempenho pós-moderno não está submisso a ninguém; propriamente, ele já não é sujeito, dentro do qual inabita ainda alguma subjugação (*subject to, sujét à*). Ele se positiva, ele se libera para um *projeto*. Mas a mudança de *sujeito para projeto* não faz desaparecer a violência; em lugar da coerção exterior surge a autocoerção, que imagina ser livre. Esse desenlace está intimamente ligado às relações de produção capitalista; a partir de um certo nível de produção a autoexploração é muito mais eficiente. Seu desempenho é muito mais intenso do que a exploração alheia, pois anda de mãos dadas com o sentimento da liberdade. Assim, a sociedade de desempenho é uma sociedade de autoexploração. O sujeito de desempenho explora a si mesmo até chegar a *consumir-se* totalmente (*burnout*), e assim há o surgimento da autoagressividade, que vai se intensificando e, não raro, leva ao suicídio. O projeto revela ser, na verdade, um *projétil* que o sujeito de desempenho direciona contra si.

# 2
# Arqueologia da violência

A obstinação humana pela violência levou Freud a admitir a existência do impulso para a morte, gerador de impulsos destrutivos que vão circulando até serem descarregados em um objeto. René Girard, ao contrário, tenta contornar essa hipostatização da violência reconduzindo-a à "rivalidade mimética" que surge do desejo de imitar o outro. Segundo Girard, cresce a valoração pelas coisas quando muitos as desejam ao mesmo tempo. Quer-se possuir precisamente aquilo que os outros também querem possuir. Assim, a "mímesis apropriadora" desencadeia um conflito violento, pois dois desejos que se voltam para o mesmo objeto impedem-se mutuamente. Disso Girard deduz que a mímesis leva necessariamente ao conflito[7]. Ele afirma que a "rivalidade mimética é a principal causa da violência inter-humana. A proibição de imitar, que ele acredita encontrar em muitas culturas, é, assim, a medida de prevenção à violência, "uma vez que toda e qualquer reprodução mimética provoca imediatamente o caráter de violência"[8].

A concepção de Girard da "rivalidade mimética", porém, não compreende bem a essência da violência. Etimologicamente, o rival nos remete à utilização do fluxo de água (*rivus*). Ele não deseja a água porque os outros a desejam. As ações violentas se dão sobretudo na luta por aquelas coisas que não devem seu valor ao desejo mimético, mas possuem um valor intrínseco. Trata-se de coisas que irão satisfazer as necessidades primárias. A teoria mimética de Girard fracassa também quando se trata do fator dinheiro. Eu não desejo o di-

---

7. GIRARD, R. *Das Heilige und die Gewalt*. Düsseldorf, 1994, p. 215.

8. GIRARD, R. *Das Ende der Gewalt* – Analyse des Menschheitsverhängnisses. Friburgo i. Br., 1983, p. 24.

nheiro porque os outros o desejam. Não é o desejo mimético que lhe confere um valor. O dinheiro é um objeto específico, pois *é* o valor. A mímesis representa certamente uma forma central de comportamento do ser humano; sem ela não é possível haver socialização. Mas ela se refere primordialmente ao elemento simbólico, como a linguagem e os modelos de comportamento, de tal modo que desencadeia necessariamente um conflito violento.

Girard também faz remontar a mímesis à vingança. Ele chama a "crise mimética" de espiral mortal da violência da vingança: "No estágio da vingança de sangue estamos às voltas, pois, sempre com o mesmo ato, com o assassinato, que é executado do mesmo modo e pelas mesmas razões, em imitação vingativa de um ato de assassinato precedente, e essa imitação se perpetua [...]. A vingança na forma sequencial concatenada aparece como o cume e a perfeição da mímesis"[9]. A espiral da violência do homicídio não remonta ao fato de que se

---

9. Ibid., p. 23s.

imita um ao outro[10]. A mímesis não esclarece a espiral de violência destrutiva da vingança de sangue. Na práxis da vingança arcaica, o que está em questão não é a imitação do homicídio, mas o homicídio como tal. O matar possui um valor *intrínseco*. O que domina a economia arcaica da violência não é um prin-

---

10. Girard argumenta contra Platão que este não teria conhecido o verdadeiro motivo da proibição da mímesis nas culturas primitivas: "Se Platão teme a atividade artística, é porque ela seria uma forma de mímesis, e não o contrário. Ele partilha com os povos primitivos um medo frente à mímesis [...], mas tampouco tem clareza, pois não dá conta de apresentar informações sobre essa fobia [...]. Ele jamais faz remontar os efeitos conflitivos à mímesis apropriativa, isto é, ao objeto que os dois rivais miméticos procuram arrancar um do outro, porque caracterizam-no como mutuamente desejável" (*Das Ende der Gewalt*. Op. cit., p. 26s.). A crítica que Girard faz a Platão não atinge o objetivo. Ele se equivoca totalmente quanto à motivação metafísica da crítica mimética platônica. De um lado, no fundo, a imagem é proibida, em Platão, por ser uma mera cópia da ideia, isto é, representa uma ausência de ser. De outro lado, o modo de comportamento mimético é condenável porque representa um perigo para a identidade, pois aquele que imita se transforma constantemente naquilo que imita. Ele jamais permanece o mesmo. Para Platão, é censurável toda e qualquer configuração multifária, pois o bem é "monoeidético" (*monoeides*). Em última instância, a proibição da mímesis por Platão é uma proibição de transformação. Surge da coação metafísica por identidade.

cípio mimético, mas um princípio *capitalista*. Quanto mais violência se exerce tanto mais poder se adquire. A violência exercida sobre o outro multiplica o cabedal de sobrevivência. Ao matar, a pessoa suplanta a morte. Mata-se na crença de, assim, poder vencer a morte. Essa economia arcaica da violência estava presente na Antiguidade. Aquiles vinga a morte de seu amigo Pátroclos matando e mandando matar indiscriminadamente. São mortos não apenas inimigos. Depois de todos circundarem o cadáver com homenagens de vingança, ao redor da pira de Pátroclos, eles abatem uma infinidade de reses, ovelhas, bodes e porcos. Está em questão ali, portanto, o matar como tal[11]. Nesse caso a mímesis não desempenha qualquer função específica.

A violência é igualmente, quiçá, a primeira experiência religiosa. Para os seres humanos que viveram nos tempos pré-históricos, a

---

11. Para outros exemplos de ritual de morte, cf. BURKERT, W. *Homo Necans, Interpretationen altgriechischer Opferriten und Mythen*. Berlim, 1972. Também Burkert é da opinião de que se mata para suplantar a morte.

violência da natureza, que a tudo destruía, e a violência mortal dos animais de rapina devem ter sido traumatizantes, angustiantes, mas ao mesmo tempo fascinantes, de tal modo que eles as personificaram, transformando-as em deidades ou elevando-as a uma realidade sobre-humana. A primeira reação à violência é sua externalização. Na cultura arcaica é desconhecida aquela "violência da natureza", cuja causa *intranatural* é bem conhecida, e que, assim, não causa medo. Também a violência *intrassocial*, coerentemente, é vista como consequência daquela violência que irrompe para dentro da sociedade, vinda de fora. Enfermidade e morte também não são um acontecimento *intracorpóreo*. Ao contrário, são reconduzidas a operações de violência exterior. Toda e qualquer morte é violenta. Não existe essa coisa de morte "natural" nem sequer de "violência da natureza".

A religião arcaica é um complexo de interações com a violência externalizada diante do sagrado. O sacrifício de oferenda representa uma das mais importantes formas de interação. Os astecas fizeram, inclusive, guerras ritualizadas para fazer prisioneiros que, depois, eram oferecidos como "sacrifício de seres humanos" ao sanguinário deus da guerra. As incursões de guerra eram conduzidas por sacerdotes, de sorte que a própria guerra representava uma espécie de culto divino. Tanto a guerra quanto o assassinato de massas eram vistos, nesse sentido, como ações religiosas. Na cultura arcaica, a violência representava um recurso central da comunicação religiosa; na guerra, entrava-se em comunicação com o deus da violência *no meio* da violência. Nos assassinatos de massa, porém, a relação para com a violência, vista como divina, era bastante diferente, que não poderia ser reduzida com o recurso da defesa ou da prevenção. Segundo afirma Girard: "O mal que essa violência podia provocar nessas sociedades era tão grande e os remédios tão fracos, que o acento principal era colocado na submissão. E o âmbito da submissão era, em primeiro lugar, um âmbito religioso. A submissão religiosa poderia assumir um caráter violento"[12]. A ação religiosa consistia principalmente em suavizar a violência e impedir o seu desencadeamento, quiçá fazendo uso da própria violência. Todas as características violentas que se encontravam dentro de uma sociedade eram descarregadas sobre a vítima reconciliadora e, com sua morte, eram conduzidas para fora da sociedade: "Em primeira linha, o sacrifício expiatório buscava eliminar contendas e rivalidade, inveja e brigas entre as pessoas que conviviam na sociedade; ele restabelecia a harmonia dentro da sociedade e fortalecia a coesão social"[13]. Nesse contexto, a vítima do sacrifício era uma espécie de para-raios. Valendo-se da astúcia, desviava-se a violência para objetos substitutos[14].

Girard volta sempre a asseverar que a prevenção à violência é o que perfaz a essência da

---

12. GIRARD. *Das Heilige und die Gewalt*. Op. cit., p. 34.

13. Ibid., p. 19.

14. Cf. ibid., p. 34: "A 'longa lista' de usos de certas propriedades da violência, sobretudo de sua capacidade de se deslocar de um objeto para outro, escondia-se por trás do rígido aparato dos rituais de sacrifício".

religião[15]. Não há dúvida de que a oferenda do sacrifício também se prestava à prevenção da violência, mas o elemento religioso não podia ser reduzido a isso[16]. A práxis religiosa da violência não é apenas reativa e preventiva, mas também ativa e produtiva. Quando uma sociedade se identifica com o seu deus da violência ou da guerra, ela própria se ergue agressiva e violenta. Foi assim que os astecas empreendem guerras em nome do deus violento da guerra; eles produziam violência ativa.

A violência tem um efeito de elevação e soerguimento. Assim escreve, por exemplo, Nietzsche: "Um povo que ainda crê em si ain-

---

15. Cf. ibid., p. 454: "Religioso é, em primeira linha, o afastamento do empecilho violento que contrapõe a violência a toda e qualquer formação de sociedade humana".

16. Para Hegel, o sacrifício é diferente de uma medida preventiva da violência, que surgiria por medo de destruição da ordem social. Ele o define, antes, como um "fazer alegre". Nesse sentido, o sujeito finito entrega sua propriedade em prol do absoluto. O sacrifício de oferenda é o "testemunho de que eu nada tenho de próprio, mas renuncio a ele na medida em que penso a mim mesmo em relação ao absoluto" (HEGEL. *Vorlesungen über die Philosophie der Religion I*: Werke in zwanzig Bänden. Vol. 16. Frankfurt a. M., 1970, p. 225 [Ed. por E. Moldenhauer e K.M. Michel]).

da possui seu próprio deus. [...] Projeta seu prazer em si mesmo, seu sentimento de poder num ser [...]. O que seria de um deus que não conhecesse a ira, a vingança, a inveja, o desprezo, a artimanha, os atos violentos, que não tivesse conhecimento do ardor fascinante da aniquilação?"[17] A infinidade de caveiras que enfeitavam os templos astecas não tinham a linguagem de prevenção à violência, mas de produção ativa dela. As caveiras dos sacrifícios oferecidos que se amontoavam em dispositivos de madeira tinham "efeito de capital". A violência homicida gerava o sentimento de crescimento, de força, de poder, de imortalidade. A sociedade arcaica se comportava não apenas de modo imunológico-preventivo em relação à violência, mas também a capitalizava[18].

---

17. NIETZSCHE, F. *Der Antichrist* – Kritische Gesamtausgabe. Parte VI, vol. 3, p. 180s.

18. O comportamento passivo-imunológico significava que uma sociedade administrava a violência de forma suavizada para imunizar-se contra ela. Cf. *Das Heilige und die Gewalt*. Op. cit., p. 426: "E o que se deve dizer frente ao procedimento moderno de *imunização e vacinação*? [...]

No mundo arcaico, cada morte era vista como consequência de um efeito de violência exterior. Busca-se evitar essa violência mortal contrapondo-lhe uma contraviolência. Então, procura-se a proteção contra a violência exercendo-a ativamente por conta própria; matava-se para não ser morto. Assim, o homicídio protegia da morte. Quanto mais violenta uma pessoa se tornava, mais matava, tornando-se ainda mais imunizada. A violência funcionava como uma *thanato*-técnica, que servia à vida diante de uma ameaça de morte.

O exercício da violência elevava o sentimento de poder; mais violência significava mais poder. Na cultura arcaica o poder ainda não representava uma *relação* de domínio, não produzindo nem senhor nem escravo. Ao contrário, era hipostatizado como uma substância sobrenatural, impessoal, que poderia ser possuída, acumulada ou também perdida.

---

O conceito médico consiste em implantar 'um pouco' da enfermidade, exatamente como nos ritos, que inserem na comunidade 'um pouco' de violência para capacitá-la. As analogias quase que provocam vertigem, tamanha sua quantidade e precisão".

Os nativos das Ilhas Marquesas chamavam de *mana* essa substância misteriosa de poder que saltava do morto para o vencedor, e que poderia ser alcançada em grandes quantidades por um guerreiro valoroso: "Admitia-se que um guerreiro continha em seu corpo o *mana* de todos que ele havia matado. [...] A cada morte que ele conseguisse empreender crescia igualmente o *mana* de sua lança. [...] Para incorporar imediatamente esse *mana* ele tinha de comer a carne dessa pessoa; e para fixar em si esse incremento de poder numa batalha [...] ele trazia amarrado ao corpo, como parte de seu arsenal de guerra, algum despojo físico do inimigo derrotado – um osso, uma mão dissecada, às vezes, inclusive uma caveira intacta"[19].

A violência, enquanto recurso de poder sobrenatural e impessoal, deixava transpare-

---

19. HANDY, E.S.C. *Polynesian Religion*. Honolulu, 1927, p. 31, apud CANETTI, E. *Masse und Macht*, p. 287s. Baudler reconduz a violência arcaica da morte à busca de reconquistar o *"status* de animal de rapina" ou de abandoná-lo. Mas a busca pelo *status* de animal de rapina não contempla a economia *capitalista* do *mana*. Cf. BAUDLER, G. *Ursünde Gewalt* – Das Ringen um Gewaltfreiheit. Düsseldorf, 2001.

cer igualmente a vingança de sangue em outra perspectiva. Nesse sentido, não era um revide aplicado à pessoa responsável por determinado assassinato. Não se atribuía a responsabilidade a pessoa alguma, como também não se imputava ao feitor um nexo de culpa. A vingança de sangue arcaica era *indirecionada*, e, justamente por isso, tão devastadora. A morte sofrida enfraquecia o grupo ao qual pertencia o morto. Nesse sentido, era preciso matar um membro do outro grupo para que fosse restabelecido o sentimento de poder que fora danificado. Não importa *quem* se iria matar, mas apenas *que* se iria matar. Toda e qualquer morte, mesmo a natural, desencadeava vingança. E assim, matava-se aleatoriamente. Cada morte gerava um incremento de poder. E precisamente por isso, essa economia mágica da violência, que escapava de qualquer lógica racional, tornava a vingança de sangue tão destrutiva. Também era possível que uma vingança não fosse praticada sobre os membros do grupo agressor, mas também sobre pessoas que não pertenciam àquele grupo;

que simplesmente eram encontradas pelo caminho. O fato de matar servia como desforra para a perda de poder causada pela morte.

A forma arcaica do poder atuava diretamente como uma propriedade mágica. Já o poder como substância só se desenvolveu mais tarde, enquanto relação hierárquica. Em virtude de sua imediaticidade, o poder substancial não respaldava qualquer tipo de domínio, pois este era uma configuração complexa de mediação e reflexão. A sociedade arcaica não apresentava nenhuma estrutura hierárquica de domínio. Assim, o chefe não detinha o poder de forma personalística, sendo apenas um *medium*: "Da boca do chefe não provinham as palavras que iriam sancionar a relação entre ordem e obediência, mas o discurso da comunidade sobre si mesma, o discurso pelo qual ela se anunciava como comunidade indivisa [...]"[20]. A posse do *mana*, que caracteriza o chefe, não o transformava em *soberano*, semelhante a um deus. Ao contrário, ele deveria

---

20. CLASTRES, P. *Archäologie der Gewalt*. Berlim, 2008, p. 28.

contar constantemente com o fato de que poderia ser morto tão logo perdesse seu *mana*[21]. A punição racionalizava a vingança e abrandava a inflamação que se propagava como uma avalanche que a fazia tão destrutiva. Na sociedade arcaica, a única reação possível à violência era a contraviolência. Nisso há uma mudança radical de paradigma que distingue o sistema de punição do sistema de vingança, transformando a violência em *ação* dirigida a uma *pessoa*. Já não é mais um acontecimento impessoal, ao qual se deveria ir ao encontro com contraviolência. Uma vez destacado do

---

21. O próprio rei está exposto a poderes superiores aos quais está submisso: "O rei governa quando a lua cheia brilha; na lua minguante ele se retira para o recolhimento. Mas quando o turno de mais idade já transcorreu, e as estrelas se põem para voltar a renascer no céu, o rei, com suas mulheres, é afogado pelos sacerdotes num fosso de mina. Quando a lua voltar a surgir no céu, um novo governante subirá ao trono" (BINDE, W. *Tabu* – Die magische Welt und Wir. Berna, 1954, p. 76s.). Nas sociedades arcaicas, o rei podia ser tudo, menos um senhor todo-poderoso: "Significa que ele viveria em uma cabana no escuro; se ele visse o sol ou a lua, morreria. Como se conta a respeito da foz do Congo, o rei está amarrado ao seu trono, no qual também à noite ele dorme sentado. O rei governa, está preso e morre segundo as leis do poder total, que tem seu próprio tempo" (p. 77).

nexo de poder, é colocado como nexo de culpa. A violência já não me torna *poderoso*, mas *culpado*. A punição não é uma contraviolência, não é vingança que o Estado exerce em meu lugar. O nexo objetivo de culpa, ao contrário, faz com que o Estado pareça justo ou razoável. Assim, não surge qualquer espiral de violência.

A violência da punição depõe a injustiça característica da vingança arcaica, que não impunha qualquer controle sobre a violência. Julgar e julgamento condicionam-se mutuamente. O sistema punitivo não segue a lógica da vingança, mas a lógica da mediação, que nasce do nexo objetivo do direito. Nesse sentido, ela impede a inflamação descontrolada da violência que, contrariamente ao sistema de vingança, não estava voltada à produção da violência, mas à sua prevenção.

À opinião bastante difundida de que nas sociedades arcaicas a guerra era primordialmente uma luta pela existência, que surgiria em virtude da escassez de bens de primeira necessidade, Pierre Clastres contrapõe com a tese de que a guerra estava baseada exclusivamente no fator da agressão. Contra a tese que liga estreitamente a guerra ao comércio de troca, defendida por Lévi-Strauss, Pierre vê como base da guerra uma energia autônoma destrutiva que nada tem a ver com esse comércio de troca[22]. A sociedade arcaica viveria em relativa independência, de modo que não teria necessidade de empreender qualquer guerra em vista de escassez de bens primários. A guerra servia apenas para defender a autonomia e a identidade do grupo contra outros grupos: "Para todo e qualquer grupo local, todos os demais são estranhos; a figura do estranho confirma o respectivo grupo em sua convicção de um nós autônomo como sua identidade. Isso significa mais ou menos a mesma coisa que um estado de guerra permanente [...]"[23]. A guerra permanente cria uma "força centrífuga" que gera,

---

22. Cf. LÉVI-STRAUSS. *Die elementaren Strukturen der Verwandtschaft*. Frankfurt a. M., 1981, p. 127: "Entre as relações hostis e a prestação de serviços recíprocos há um elo, uma continuidade: as ações de intercâmbio são guerras pacificadas; guerras são o resultado de transações malsucedidas".

23. CLASTRES. *Archäologie der Gewalt*. Op. cit., p. 75.

por sua vez, um mundo do múltiplo, na medida em que atua contra a unidade ou a unificação, impedindo a formação do Estado; essa é pelo menos a tese central de Clastres e também seu ponto mais problemático. Ele supõe que a sociedade arcaica rejeitava *conscientemente* o Estado, empenhando guerras permanentes para impedir a formação dele. Enquanto uma "sociedade contra o Estado", a sociedade arcaica era uma "sociedade em favor da guerra". Assim, Clastres escreve de maneira provocativa: "Se não houvesse inimigos seria necessário inventá-los"[24]. O Estado é uma complexa configuração de *poder*. Esse autor pressupõe a ideia de poder como uma relação hierárquica de domínio, da qual, porém, a sociedade arcaica, em virtude de sua estrutura de consciência, não dispõe[25].

---

24. Ibid., p. 77.

25. A sociedade arcaica *não pode* produzir configurações de poder como o Estado. Clastre confunde poder e querer ao escrever que deter o poder significa exercê-lo, e exercê-lo significa ter o domínio sobre aqueles em quem o poder é exercido. É precisamente isso que as comunidades primitivas não querem (Ibid., p. 29).

Mas não disse que, na Idade Moderna, a economia arcaica simplesmente desapareceu. O armamento atômico segue igualmente a economia arcaica da violência; o potencial destrutivo é acumulado como *mana* para gerar o sentimento de poder e de invulnerabilidade. No nível psicológico profundo continua a se propagar a crença arcaica de que a capacidade acumulada de matar evitaria a morte; um incremento de violência mortal é interpretado como uma diminuição de possibilidade de morte. Também a economia do capital indica uma semelhança gritante em relação à economia arcaica da violência. Em lugar de sangue ela faz fluir dinheiro; há uma proximidade essencial entre sangue e dinheiro. E assim, o capital se comporta como *mana* moderno; quanto mais capital se possui mais se imagina ser poderoso, invulnerável, imortal. Já a partir de sua etimologia a palavra *dinheiro* remete para o nexo do sacrifício e do nexo cultual. Assim, também se admite que, originalmente, o dinheiro era um meio de troca com o qual se comprava animais de oferenda. Portanto, quando alguém possuía muito dinheiro significava que dispunha de muitos animais, e que a qualquer momento podia fazer uma oferenda sacrificial. Com isso, ele se apoderava de uma grande "violência rapace" de morte[26]. Dinheiro ou capital são, portanto, recursos contra a morte.

Em relação à psicologia do profundo o capitalismo tem muito a ver com a morte e com o medo dela. Também nisso reside sua dimensão arcaica. A histeria da acumulação e do crescimento e o medo diante da morte condicionam-se mutuamente. O capital também pode estar relacionado e ser interpretado como tempo, pois dispondo de dinheiro, uma pessoa pode fazer com que outras pessoas trabalhem para ela. "Capital infinito" gera a ilusão de "tempo infinito". Nesse sentido, a acumulação de capital trabalha contra a morte, contra a falta absoluta de tempo. Em vista do "tempo de vida" delimitado compra-se "tempo de capital".

---

26. Cf. BAUDLER. *Ursünde Gewalt*. Op. cit., p. 115.

A alquimia tinha em vista a transmutação de metal vil em metal nobre. Considerava-se como vil sobretudo o chumbo, metal subordinado a Saturno: deus do tempo. Na Idade Média, via de regra, Saturno era representado como um idoso carregando a gadanha e uma ampulheta, símbolos do caráter passageiro e da morte. A transformação alquímica de chumbo em ouro equipara-se à tentativa de ludibriar o tempo e a transitoriedade em favor da infinitude e da imortalidade. O *aurum potabile* promete a juventude eterna. A superação da morte é o conteúdo da *imaginação alquímica*, que nutre também a economia capitalista, alimentando, por seu turno, a histeria do crescimento e da acumulação. Vista a partir dessa perspectiva, a bolsa de valores é o *vas mirabile* do capitalismo moderno.

Também a economia da salvação segue a lógica da acumulação. Para os calvinistas, só o sucesso econômico gera a *certitudo salutis*, a pertença ao grupo dos escolhidos, que os livra da danação eterna. Assim, solvência infinita se equipara à redenção; a angústia que se nutre em relação à salvação, ligada ao medo da morte, produz a coerção capitalista por acumulação. Investe-se e especula-se em vista da salvação. Nesse contexto há uma analogia entre a economia arcaica do *mana*, a economia capitalista do capital e a economia cristã da salvação. Todas elas apresentam uma *thanato*-técnica, utilizada para eliminar/escamotear a morte.

A economia capitalista absolutiza o *sobreviver*. Sua preocupação principal não se dirige ao *bem*-viver[27], mas nutre-se da ilusão de que um incremento de capital significa igualmente um incremento de vida, mais capacidade de viver. A separação rígida, rigorosa entre vida e morte coloca a própria vida em uma rigidez espantosa. Assim, a preocupação por um vi-

---

27. Aristóteles chama atenção ao fato de que simplesmente angariar capital seria algo vituperável, porque a intenção seria apenas buscar a mera vida, e não a boa vida: "Nessa perspectiva, muitas pessoas pensam que isso seria a tarefa da economia, ou da administração da casa, e combatem reiteradamente a visão de que se deveria proteger os bens pecuniários ou multiplicá-los indefinidamente. A razão para esse tipo de reflexão é a diligente preocupação por viver, mas não por viver bem; mas uma vez que aquele desejo se estende indefinidamente, essas pessoas também desejam possibilidades ilimitadas de operacionalizar isso" (*Politik*, 1.257b).

ver bem dá lugar à histeria por sobreviver. A redução da vida a processos biológicos, vitais provoca seu desnudamento; a simples sobrevivência se torna obscena. Com isso, retira-se da vida sua *vivacidade*, que é algo bem mais complexo do que a mera vitalidade e a saúde. O delírio pela saúde surge quando a vida se torna desnuda. Diante da atomização da sociedade e da erosão social resta somente o *corpo do eu*, que precisa ser conservado sadio, a qualquer custo. Paralelamente ao *valor expositivo* do eu que anela por chamar a atenção, à perda dos valores ideais só resta ainda o *valor da saúde*. A vida desnudada faz desaparecer toda e qualquer teleologia, todo e qualquer "para que", em função dos quais o ser humano deveria ser sadio. A saúde torna-se autorreferente e se esvazia, tornando-se uma *teleologia sem telos*.

A vida nunca foi tão transitória quanto hoje em dia; não há nada que prometa duração e persistência. Diante da *falta de ser*, o que surge é o nervosismo. Nesse contexto, a hiperatividade e a aceleração do processo de vida seriam tentativas de sair daquele *vazio* que anuncia a morte. Mas uma sociedade dominada pela histeria do sobreviver é uma sociedade de *mortos-vivos* que não conseguem viver nem morrer. Também Freud está consciente dessa dialética fatal da sobrevivência quando conclui seu ensaio *Zeitgemässes über Krieg und Tod* com a seguinte sentença: "*Si vis vitam para mortem*" ("Se queres conservar a vida, volta-te para a morte")[28]. É necessário, portanto, assegurar mais espaço para a morte na vida, a fim de que esta não enrijeça em *vida de morto-vivo*. "Não seria melhor abrir espaço para a morte na realidade e em nossos pensamentos, que lhe seja conveniente, e trazer à luz e direcionar nossa postura inconsciente para a morte, do que nos ocuparmos detidamente em reprimi-la? Isso não parece ser um feito sublime; parece, antes, um retrocesso, uma regressão; porém, tem a vantagem de que, com isso, nos haveremos mais autenticamente com a veracidade e tornaremos nossa vida mais suportável"[29].

---

28. FREUD. *Das Unbehagen in der Kultur*. Op. cit., p. 161.

29. Ibid., p. 160s.

# 3
# Psique da violência

O aparato psíquico freudiano é um sistema de negatividade. O superego se apresenta como uma instância de ordens e proibições rigorosas: "O superego conserva o caráter do pai, e quanto mais forte for o Complexo de Édipo, mais acelerada será sua repressão (sob a influência da autoridade, da doutrina religiosa, da instrução, da leitura); assim, mais rigorosamente o superego irá dominar posteriormente como consciência moral e talvez como sentimento de culpa inconsciente"[30]. O superego se manifesta como "imperativo categórico", como "traço rigoroso cruel do dever

---

30. FREUD, S. *Das Ich und das Es* – Metapsychologische Schriften. Frankfurt a. M., 1992, p. 273.

de ordem"[31], como "caráter da restrição rigorosa, da proibição cruel". "Encoleriza-se" contra o eu "com impetuosidade impiedosa"[32]. Seu principal verbo modal, *dever*, transforma o eu em objeto de obediência: "Assim como a criança estava sob a coação de obedecer a seus pais, o eu se submete ao imperativo categórico de seu superego"[33]. Este é uma instância de domínio internalizada, que representa Deus, o soberano ou o pai. É o *outro* dentro do si-mesmo. Aqui, a violência é de negatividade apenas à medida que vai ao encontro do *outro*. Ela se expressa como repressão em um contexto de dominação.

Resistência, negação e repressão organizam o aparelho psíquico freudiano como um sistema de negatividade, que se encontra permanentemente na tensão antagonista entre moções pulsionais e repressão. O inconsciente deve sua existência à repressão. Segundo

---

31. Ibid., p. 291.

32. Ibid., p. 290.

33. Ibid., p. 285.

Freud, o inconsciente e a repressão "têm uma proporção elevada de correlação"[34]. A representação pulsional reprimida "prolifera no escuro" e desenvolve "formas extremas de expressão", que podem adquirir também traços destrutivos. Os sintomas de histeria ou de neurose compulsiva permitem a dedução de um alto grau de violência que está ativo no aparato psíquico. Equipara-se a uma praça de luta, onde se desenrolam operações como defesa, sitiamento, fuga, recuo, camuflagem, invasão, infiltração. Id, ego e superego comportam-se, em última instância, como campos de guerra, formando um *front de batalha* unívoco. Ocasionalmente, também fazem tratados de paz, mas estes repousam em uma relação de forças muito instável.

Freud se mantém permanentemente fiel ao esquema da negatividade quando descreve processos psíquicos. Assim, ele segue constantemente os vestígios do *outro*, que se esquivam de serem apropriados pelo ego. De forma cor-

---

34. Ibid., p. 106.

respondente, a cura das enfermidades psíquicas reside na completa apropriação do id pelo ego. Também a melancolia reconduz ao outro, que se aninha no ego e, assim, o modifica. Como acontece com a tristeza e com o luto, a melancolia tem seu ponto de partida em um objeto amado. Em contraposição à tristeza e à elaboração da tristeza e do luto – que desvia a libido do objeto perdido para a posse de um novo objeto –, na melancolia o objeto é internalizado. É bem verdade que, em virtude da fraqueza da energia de posse, facilmente se desiste do objeto, mas a libido, que ora se vê livre, ainda não possui um novo objeto. Ao contrário, dá-se uma identificação narcisista com ele: "conseguiu fazer uma escolha de objeto, uma ligação da libido com determinada pessoa; pela influência de uma *enfermidade real ou decepção* por parte da pessoa amada, ocorreu abalo nessa relação objetual. O que sucedeu não foi uma retirada normal da libido desse objeto e seu deslocamento para um novo [...]. A possessão do objeto mostrou ser menos resistente, foi suspensa; a libido livre não foi transferida para outro objeto, mas retornou ao ego. Ali ela não encontrou um uso agradável; no entanto, isso serviu para produzir uma *identificação* do ego com o objeto a que se renunciou. [...] Desse modo [...], o conflito entre o ego e a pessoa amada se transformou em um conflito entre a crítica do ego e o ego modificado pela identificação"[35]. O objeto a que se renunciou, com o qual o ego mantinha uma relação ambivalente, é interiorizado como uma parte do ego. A crítica ao objeto a que se renunciou – portanto, o outro – realiza-se como autocrítica. Na realidade, as autorreprimendas e auto-humilhações aplicam-se ao outro, que ora se tornou parte do ego. Na base da melancolia encontra-se, então, uma divisão do ego. Uma parte do ego se contrapõe à outra, critica-a e deprecia-a: "as razões motivadoras da melancolia, na maioria das vezes, vão além do caso nítido da perda pela morte, abarcando todas as situações de injúria, rechaço e decepção, através das quais pode trazer para dentro da re-

---

35. Ibid., p. 179.

lação uma contraposição entre amor e ódio ou fortalecer uma ambivalência já existente. [...] Se o amor ao objeto [...] se refugiou na identificação narcísica, nesse objeto substitutivo começa a atuar o ódio, xingando-o, humilhando-o, fazendo-o sofrer, e nesse sofrer se adquire uma satisfação sádica"[36]. A identificação com o objeto transforma o sadismo em masoquismo; pela via indireta da autopunição e do autotormento o ego se vinga do objeto originário.

Não é muito importante, aqui, a questão de saber se Freud interpreta corretamente ou não a melancolia. Importante parece ser apenas o modelo de esclarecimento como tal. A melancolia é uma relação consigo mesmo patologicamente distorcida. Freud interpreta-a como uma relação estranha, como uma relação com o *outro*. A violência que o melancólico faz a si mesmo é uma violência da negatividade, na medida em que está dirigida contra *o outro no ego*. O *outro em mim* é a fórmula

---

36. Ibid., p. 181.

da negatividade que organiza completamente a psicanálise de Freud.

O aparato psíquico freudiano é um aparato de domínio e de coerção repressivo, que opera com ordens e proibições, que subjuga e oprime. Ele é precisamente como a sociedade disciplinar perpassada de muros, barreiras, portais, células, delimitações e postos de vigia de fronteira. Assim, a psicanálise de Freud também só é possível numa tal sociedade repressiva, como é o caso da sociedade da soberania ou da sociedade disciplinar, que baseiam sua organização na negatividade das ordens e das proibições. Mas a sociedade de hoje é uma sociedade de desempenho, que se esquiva cada vez mais da negatividade das proibições e das ordens, apresentando-se como sociedade da liberdade. O verbo modal que define e determina a sociedade de desempenho já não é o *dever* freudiano, mas o *poder*. Essa mudança social traz em si uma reestruturação intrapsíquica. O sujeito de desempenho pós-moderno possui uma *psique totalmente diferente* do sujeito da obediência, ao qual se aplica a psicanálise de Freud. O aparato psíquico de Freud está tomado pela negação e repressão, como também pelo medo de ultrapassar os limites. O eu é um "lugar de medo"[37]; ele tem medo do *grande outro*. O sujeito de desempenho pós-moderno é pobre em negação, é um sujeito de afirmação. Se o inconsciente estivesse necessariamente ligado à negatividade da negação e da repressão, então o sujeito de desempenho pós-moderno não teria mais um inconsciente, seria um ego pós-freudiano. O inconsciente freudiano não é uma figura atemporal, mas um produto da sociedade disciplinar, dominada pela negatividade das proibições e da repressão, que já deixamos para trás há muito tempo.

O trabalho oferecido pelo ego freudiano consiste sobretudo no cumprimento do dever. Nisso há muito em comum com o sujeito da obediência kantiano. Em Kant, a consciência moral assume a posição do superego. Seu sujeito moral está também submetido a uma "violência": "Toda pessoa humana tem

---

37. Ibid., p. 294.

uma consciência moral e é observada por um juiz interno, por ele é ameaçada e impelida a manter o respeito (atenção ligada ao temor); e essa violência que nele se desperta através das leis não é algo que ele cria para si (arbitrariamente), mas é incorporado em seu ser"[38]. Também o sujeito kantiano está dividido em si. Ele age em vista do apelo de um *outro*, que é, porém, uma parte de si: "Essa disposição natural, originalmente intelectual (porque é uma representação do dever) e moral, chamada *consciência moral*, tem este caráter específico: muito embora esse seu afazer seja próprio do ser humano em relação a si mesmo, por sua própria razão, ele se vê obrigado a exercê-lo pelo apelo a *uma outra pessoa*"[39]. Em virtude dessa divisão da pessoa, Kant fala de "duplo si mesmo" ou de "personalidade duplicada"[40]. O sujeito moral é, ao mesmo tempo, o acusado e o juiz.

---

38. KANT, I. *Die Metaphysik der Sitten* – Werke in zehn Bänden. Vol. 7. Darmstadt, 1983, p. 573 [Ed. por W. Weischedel].

39. Ibid.

40. Ibid., p. 574.

O sujeito da obediência não é um sujeito do prazer, mas um sujeito do dever. Assim, também o sujeito kantiano persegue um trabalho voltado ao dever, reprimindo suas "inclinações". Ali, o deus kantiano, esse "ser moral que detém o poder sobre tudo", não surge apenas como instância de punição e julgamento, mas também como instância de *gratificação*. É bem verdade que o sujeito moral, enquanto sujeito do dever, reprime todas as inclinações que lhe poderiam proporcionar prazer em favor da virtude, mas o deus moral *recompensa* seu trabalho, executado sob dores, com a bem-aventurança. A "bem-aventurança" é concedida "na exata proporção da moralidade"[41]. O sujeito moral, que também aceita a dor em prol da moralidade, tem plena certeza da gratificação. Aqui não se sente ameaçado por qualquer crise de gratificação, pois Deus não engana, e nele se pode confiar.

O sujeito de desempenho pós-moderno não segue nenhum trabalho voltado ao dever.

---

41. KANT, I. *Kritik der praktischen Vernunft* – Werke in zehn Bänden. Op. cit., vol. 6, p. 239.

O que conforma sua máxima não é obediência, lei e cumprimento do dever, mas liberdade, prazer, inclinação. De seu trabalho ele espera, sobretudo, sentir prazer. Tampouco se trata de ouvir o apelo do outro. Ao contrário, ele ouve sobretudo *a si mesmo*; ele deve ser um autoempreendedor. Assim, se desonera da negatividade do *outro que ordena*. Mas essa liberdade do outro não tem apenas efeito emancipador e libertador, haja vista que a dialética da liberdade consiste em desenvolver novas coerções. A liberdade do outro se converte, assim, em autorrelação narcisista, responsável por inúmeras perturbações psíquicas, próprias do sujeito de desempenho.

A falta de relação com o outro causa uma crise de gratificação, pois, enquanto reconhecimento, pressupõe a instância de um outro ou de um terceiro. Não é possível recompensar-se ou se autorreconhecer. Em Kant, a instância da gratificação é Deus; é Ele quem recompensa e dá reconhecimento ao desempenho moral. Devido à perturbação da estrutura da gratificação o sujeito de desempenho se vê obrigado a produzir e a desempenhar cada vez mais. A falta de relação com o outro, portanto, é a condição *transcendental* de possibilidade para a crise da gratificação. Também as relações de produção hodiernas são corresponsáveis por essa crise. Já não é possível ver a *obra* definitiva como resultado de um trabalho *feito*, *concluído*; as relações de produção hodiernas impedem precisamente a *conclusão*. Ao contrário, trabalha-se na direção de um horizonte *aberto*; faltam as *formas conclusivas* que possuem um começo e um fim.

Também Sennett faz remontar a crise da gratificação à perturbação narcísica e à falta de relação com o outro: "Enquanto perturbação do caráter, o narcisismo é exatamente o contrário do amor-próprio bem-demarcado. O mergulho no si-mesmo não gera gratificação mas, ao contrário, impõe dores ao si-mesmo. A dissolução dos limites que separam o si--mesmo do outro significa que o si-mesmo jamais poderá encontrar algo novo, algo 'outro'. Este é engolido e vai sofrendo transformações até que o si-mesmo volte a se reconhecer, mas com isso o outro se torna insignificante. [...] O narcisista não está em busca de experiências, ele quer vivenciar a si mesmo em tudo o que lhe vem ao encontro. [...] Afoga-se no si-mesmo [...]"[42]. Quando são feitas experiências, encontramo-nos com o outro; as experiências nos *alter*am. Mas as vivências, ao contrário, são um prolongamento do ego no outro, no mundo. Assim, elas vão criando *igual*itação. O amor-próprio está ainda determinado pela negatividade, na medida em que despreza e rechaça o outro em favor "do próprio", que *se contra*põe a ele. Mas com isso se preserva a delimitação diante do outro; quem ama a si mesmo se posiciona expressamente contra o outro. Mas no narcisismo, ao contrário, desaparecem os limites que separam do outro; quem sofre de distúrbio narcísico mergulha para dentro de si. Se a relação com o outro se perde totalmente, tampouco poderá se formar uma autoimagem estável.

---

42. SENNETT, R. *Verfall und Ende des öffentlichen Lebens – Die Tyrannei der Intimität*. Berlim, 2008, p. 563.

É bem verdade que Sennett estabelece uma ligação correta dos distúrbios psíquicos do indivíduo moderno com o narcisismo, mas ele tira conclusões equivocadas: "o constante aumento das expectativas, de modo que o comportamento respectivo jamais se sente satisfeito, corresponde à incapacidade de levar alguma coisa à conclusão. Evita-se o sentimento de ter alcançado um objetivo porque, com isso, se estaria objetivando a própria vivência. Ela adotaria uma configuração, uma forma, e assim teria consistência, independentemente do si-mesmo. [...] O si-mesmo só é real e ativo quando está estável, inconcluso; mas ele só é estável se exerce constantemente autonegação. Quando chega a uma conclusão parece que a vivência da pessoa se dissolve e ela se vê ameaçada com uma perda. A estabilidade do si-mesmo, a inconclusão e a inconclusividade de suas motivações são um traço essencial do narcisismo"[43]. Segundo Sennett, o indivíduo narcisista evita *deliberadamente* alcançar uma

---

43. Ibid., p. 581.

meta ou concluir algo porque a conclusão faria surgir uma configuração objetivável que teria consistência, independentemente do si-mesmo, enfraquecendo-o. Mas, na realidade, o que acontece é o contrário. É precisamente a impossibilidade – condicionada pela sociedade – de *formas* objetivamente *válidas e definitivas de conclusão* que leva o indivíduo para dentro de uma repetição narcisista, de tal modo que não consegue alcançar qualquer *configuração*, imagem estável de si mesmo nem *caráter*. O sentimento de ter alcançado uma meta não é "evitado" deliberadamente para aumentar a autoestima. *Antes, o sentimento de ter alcançado uma meta jamais chega a se estabelecer.* Não é que o sujeito narcisista *não queira* chegar à conclusão, ele não é capaz disso; ele se perde no aberto. Em última instância, a falta de formas de conclusão não é condicionada economicamente, pois abertura e inconclusão favorecem o crescimento pessoal.

A histeria é uma típica doença psíquica da sociedade disciplinar, na qual se estabeleceu também a psicanálise. Ela pressupõe a negatividade da repressão, das proibições e da negação, o que leva à formação do inconsciente. Os representantes pulsionais deslocados para o inconsciente se manifestam por meio de "conversão" como sintomas somáticos que marcam inequivocamente uma pessoa. Os histéricos apresentam uma *morphe* bastante característica. Por isso, a histeria admite uma morfologia que a distingue da depressão.

Segundo Freud, o "caráter" é um fenômeno de negatividade, pois sem a censura no aparato psíquico ele não se formaria. Assim, Freud o define como "precipitação das possessões do objeto a que se renunciou"[44]. Quando o ego toma conhecimento das possessões do objeto que ocorrem no id ele se agrada delas ou as rejeita pelo processo de repressão. O caráter recebe em si a história da repressão; ele reflete uma determinada remissão ao ego, id e superego. Enquanto o histérico demonstra uma *morphe* característica, o depressivo é sem forma, a-*morfo*; um *homem sem caráter*. É bem verdade que

---

44. FREUD. *Das Ich und das Es*. Op. cit., p. 268.

a alma do histérico está submetida a coerções estranhas, mas, de certo modo, ela já está conformada e formada para tal. Já o aparato psíquico que se tornou depressivo é possivelmente livre da negatividade da repressão e da negação, mas é confuso, desordenado e sem forma.

A psicanálise de Freud pressupõe a negatividade da repressão e da negação. Como ele acentua, o inconsciente e a repressão são "correlativos em grande medida". Nas enfermidades psíquicas de hoje – como depressão, *burnout* e déficit de atenção/síndrome de hiperatividade –, ao contrário, não há participação de nenhum processo de repressão nem de negação. Antes, elas remetem a *um excesso de positividade*. Portanto, não à negação, mas à incapacidade *de dizer não*; não ao não *ter permissão*, mas ao *poder tudo*. Assim, a psicanálise não oferece acesso a elas. A depressão não é consequência da repressão, que proviria daquelas instâncias de domínio como o superego. No depressivo tampouco se dá aquela "transferência" que apontaria indiretamente para os conteúdos psíquicos reprimidos.

A sociedade de desempenho de hoje, com sua ideia de liberdade e desregulamentação, vai derrubando de forma massiva barreiras e proibições que caracterizavam a sociedade disciplinar; a derrubada da negatividade deve incrementar o desempenho. Dirige-se à eliminação universal das barreiras e limites, à *promiscuidade geral*, da qual não surge qualquer energia repressiva. Onde não se impede a moção pulsional em favor de uma moral sexual restritiva surgem ideias paranoicas como as de Daniel Paul Schreber, que atribui a Freud sua homossexualidade reprimida. O Caso Schreber é típico da sociedade disciplinar do século XIX, na qual dominava a proibição rigorosa da homossexualidade, como também do prazer em geral.

No quadro de depressão o inconsciente não participa; ele não governa no aparato psíquico de um sujeito de desempenho depressivo. Mas Ehrenberg atém-se visivelmente a essa tese, o que produz uma refutação argumentativa: "foi a história da depressão que nos ajudou a compreender essa reviravolta social e espiritual. Seu aumento inevitável perpassa as duas dimensões de modificações que perfizeram o sujeito da primeira metade do século XX: a libertação psíquica e a insegurança da identidade, a iniciativa pessoal e a incapacidade de agir. Essas duas dimensões põem à luz alguns riscos antropológicos, que transformam a insuficiência depressiva em quadro psiquiátrico. O indivíduo que surgiu disso é confrontado com a mensagem do inconsciente que ele não pode dominar, dessa parte irredutível que os ocidentais chamaram de inconsciente [...]"[45]. Segundo Ehrenberg, a depressão simboliza o "incontrolável", o "irredutível"[46]. Ela remonta ao "confronto das possibilidades ilimitadas com o incontrolável"[47]. Nesse sentido, a de-

---

45. EHRENBERG, A. *Das erschöpfte Selbst* – Depression und Gesellschaft in der Gegenwart. Frankfurt a. M., 2008, p. 300.

46. Ibid., p. 305: "Na era das possibilidades ilimitadas, a depressão simboliza aquilo que não pode ser dominado. Podemos manipular nossa natureza espiritual e física, podemos reprimir nossos limites com diversos recursos, mas essa manipulação não nos liberta. As coações e as liberdades se modificam, mas o 'irredutível' não se torna menor por isso".

47. Ibid., p. 302.

pressão seria o fracasso do sujeito que busca empreender iniciativas junto ao incontrolável. Mas o incontrolável, o irredutível ou o desconhecido, como o inconsciente, são figuras da negatividade, não mais constitutivas para a sociedade de desempenho, dominada pelo excesso de positividade.

Freud concebe a melancolia como uma relação destrutiva com aquele outro que foi internalizado pela identificação narcisista como parte do si-mesmo. Assim, os conflitos originários com o outro são internalizados e transmudados em uma relação conflituosa consigo mesmo, levando ao empobrecimento do ego e à autoagressividade. Mas à enfermidade depressiva do sujeito de desempenho atual, ao contrário, não precede qualquer relação conflituosa e ambivalente com o outro, que houvesse sido perdida. Nela não participa qualquer *dimensão do outro*. Um outro fator que também origina a depressão – e que muitas vezes desemboca no *burnout* – é principalmente a exagerada e excessiva relação consigo mesmo, levando à adoção de traços destrutivos. O sujeito de desempenho esgotado, depressivo está, de certo modo, enfastiado de si; cansado e esgotado de brigar consigo. Totalmente incapaz de sair de si, de estar *lá fora*, de abandonar-se ao *outro*, ao *mundo*, vai se remoendo interiormente, o que paradoxal e paulatinamente deixa-o oco e causa seu esvaziamento. Ele vai *se fechando* em uma "roda de hamster", que gira sempre mais veloz em torno de *si mesma*.

Também os novos meios e técnicas de comunicação vão reduzindo o *ser no outro*. O mundo virtual é pobre em *alteridade* e em seu caráter *de resistência*. Nos espaços virtuais o ego pode se movimentar sem precisar lidar com o "princípio da realidade", que seria o *princípio do outro e da resistência*. Nos espaços *imaginários* da virtualidade o ego narcísico encontra sobretudo a si mesmo. A virtualização e a digitalização estão fazendo desaparecer cada vez mais o *real*, que se faz sentir, acima de tudo, por seu *caráter de resistência*. O *real* é um *alto!* em seu duplo sentido; não provoca somente interrupção e resistência, mas também parada e recuo.

O sujeito de desempenho pós-moderno, com seu excesso de opções, já não é capaz de *ligações intensas*. Na depressão todas as ligações são supressas, inclusive em relação à sua pessoa. A tristeza e o luto distinguem-se da depressão principalmente por sua forte "ligação libidinosa" a um objeto. A depressão, ao contrário, é privada de objeto e, assim, não é *direcionada*. Também faz sentido distinguir a depressão da melancolia, que sempre vem precedida de uma experiência de perda. Por isso, ela sempre está em *uma relação*, isto é, na *relação negativa com o ausente*. A depressão, ao contrário, está separada de toda e qualquer relação e ligação; falta-lhe a "força de gravidade".

A tristeza e o luto surgem quando se perde um objeto dotado de forte carga libidinosa. Quem está triste ou enlutado está inteiro junto ao *outro*. O ego pós-moderno emprega grande parte da energia libidinosa em si mesmo. O restante da libido que sobra é distribuído e disperso em contatos e relações fugidias cada vez mais crescentes. Nesse contexto, é extremamente fácil retirar a fraca libido do outro e, assim, possuir outros novos objetos. O longo e doloroso "processo de luto e tristeza" se torna ali desnecessário. A "alegria" que se encontra nas redes sociais tem sobretudo a função de elevar a autoestima narcisista de seus consumidores, na medida em que oferece o *ego ali exposto* como uma mercadoria.

Alain Ehrenberg parte de uma distinção meramente quantitativa entre melancolia e depressão. Hoje, a melancolia, que tem um teor um tanto elitista, democratizou-se em depressão: "Se a melancolia era uma propriedade característica das pessoas extraordinárias, a depressão se tornou expressão de uma *popularização do extraordinário*"[48]. A depressão seria uma "melancolia *plus* igualdade, a doença *par excellence* do ser humano democrático". Ehrenberg, porém, localiza a depressão na época em que o homem soberano – cuja vinda foi anunciada por Nietzsche – se massificou. O depressivo, então, é aquele que "está esgotado de sua soberania"; que, portanto, não tem

---

48. Ibid., p. 288.

mais forças para ser senhor; está cansado de tanta "exigência de iniciativa". Em virtude dessa etiologia específica da depressão, Ehrenberg acaba desembocando em uma contradição, pois a melancolia, que já existia na Antiguidade, não pode ser pensada a partir daquela soberania que caracteriza o indivíduo moderno e pós-moderno. Um melancólico antigo pode ser qualquer coisa, menos aquele depressivo ao qual falta a força "para ser senhor de si" ou a "paixão para ser si mesmo". Como a histeria, ou a tristeza e o luto, a melancolia é um fenômeno da negatividade, enquanto a depressão está relacionada ao excesso de positividade. Mas seria possível estabelecer uma ligação entre a depressão e a democracia? Segundo Carl Schmitt, a depressão seria característica da democracia na medida em que *lhe falta a força conclusiva da decisão. A violência incisiva da decisão* não permitiria o surgimento de um conflito de longa duração. A partir dessa perspectiva, a depressão não caracterizaria "a relação perdida com o conflito", mas a falta de relação com uma *instância objetiva de decisão*, que poderia produzir *formas de conclusão*[49] e a instância da gratificação.

Ehrenberg analisa a depressão exclusivamente na perspectiva da psicologia e da patologia do si-mesmo, e não leva em consideração o nexo econômico. O *burnout*, que muito usualmente precede a depressão, não remete àquele indivíduo soberano do qual brota a força de "ser senhor de si". O *burnout*, ao contrário, é a consequência patológica de uma autoexploração *voluntária*. O imperativo da ampliação, transformação e redescoberta da pessoa, cujo contraponto é a depressão, pressupõe uma oferta de produtos ligados à identidade. Quanto maior for o número de vezes que se troca de identidade, mais fortemente se dinamiza a produção. A sociedade disciplinar industrial está dependente de uma identidade imutável, enquanto que a sociedade de desem-

---

49. As formas de conclusão geram inflexibilidade, que teria efeito impeditivo para a aceleração do processo de produção capitalista. O sujeito de desempenho explora a si mesmo de modo mais efetivo quando se mantém aberto a tudo, isto é, quando é *flexível*.

penho pós-industrial necessita de uma pessoa flexível para intensificar a produção.

A tese principal de Ehrenberg diz que "O sucesso da depressão reside na *relação perdida com o conflito*, no qual se baseia o conceito do sujeito, como nos foi legado no final do século XIX"[50]. Segundo Ehrenberg, o conflito cumpre uma função construtiva. Tanto a identidade pessoal quanto a social seriam construídas a partir dos elementos que "*adquirem um nexo de pertença através do conflito*"[51]. Tanto na vida política quanto na vida privada o conflito seria o núcleo normativo da cultura democrática[52]. Mas

---

50. EHRENBERG. *Das erschöpfte Selbst*. Op. cit., p. 22.

51. Ibid., p. 284.

52. Assim escreve Axel Honneth no prefácio: "Segundo sua convicção, o fato de que a estrutura psíquica dos sujeitos forma-se hoje sem atrito fundamental com desafios sociais, sem conflito interno com a sociedade, ameaça de maneira bastante preocupante os pressupostos culturais de uma democracia civilizada. Uma vez que sua vitalidade está elementarmente dependente do engajamento de cidadãs e cidadãos que não estão em condições de tomar posicionamentos controversos e de não colaborar no processo conflitivo da formação da opinião pública, que não puderam fazer a experiência de conflitos intrapsíquicos em seu próprio desenvolvimento; de certo modo essa experiência lhes criaria um horizonte de compreensão do dissenso social" (Op. cit., p. 9).

a depressão mascararia a dificuldade que surge da relação a partir do conflito. Nesse sentido, ele não estabilizaria mais a unidade da pessoa.

O modelo conflitivo não domina a análise clássica da psicanálise. A cura consiste em *reconhecer*, i. e., elevar propriamente à consciência o fato de haver um conflito intrapsíquico. Mas o modelo do conflito pressupõe a negatividade da repressão e da negação. Assim, não é mais possível afirmar que a depressão surge pelo fato de que faltaria completamente a negatividade. É bem verdade que Ehrenberg reconhece que a falta de relação com o conflito caracteriza a depressão, mas ela se mantém firme no modelo do conflito. A depressão, segundo Ehrenberg, teria como fundamento um conflito oculto que, por causa do uso de antidepressivos – os quais criam dependência – aceleraria ainda mais o quadro. O conflito já não seria um "guia seguro": a deficiência equilibrada, a apatia estimulada, a impulsividade regulada e o comércio forçado que foi superado transformam a dependência no contraponto da depressão. Com o evangelho do desenvolvimento pessoal em uma mão e o culto da capacidade de desempenho em outra, não se faz desaparecer o conflito; no entanto, ele perde sua inequivocidade e já não é mais um "guia seguro"[53]. Desse modo, a depressão se afasta totalmente do modelo do conflito, i. e., da psicanálise. Ehrenberg tenta salvar a psicanálise *da perda de suas condições*.

A "desconflitualização" que Ehrenberg liga à depressão deve ser vista em conexão com a *positivação* geral *da sociedade,* que desencadeia uma desideologização da mesma. O acontecimento político-social já não é mais determinado pelo *antagonismo* de ideologias ou classes, que já se tornou arcaico. Contudo, a positivação da sociedade não elimina a violência. Esta não parte apenas da negatividade do antagonismo ou do conflito, mas também da positividade do consenso. A *totalidade do capital*, que ora parece absorver tudo, apresenta uma *violência consensual*.

---

53. Ibid., p. 273.

O fato de que, hoje, a luta não se dá mais entre grupos, ideologias ou classes, mas entre indivíduos, não é tão decisivo para a crise da sociedade de desempenho, como pensa Ehrenberg. O problemático não é a concorrência individual em si, mas sua autorreferencialidade, que a intensifica em uma *concorrência absoluta*. O sujeito de desempenho concorre consigo e se vê submetido à coerção destrutiva de ter de superar-se. Aqui o desempenho não é colocado *em relação* ao outro. Já não se trata de suplantar e vencer outros; a luta se torna autorreferente. A tentativa de se suplantar, de querer vencer-se, finalmente se mostra fatal, pois é uma autoconcorrência, equiparando-se à proposição de *querer ultrapassar a própria sombra*.

Na transição da sociedade de disciplina para a sociedade de desempenho, o superego positiva-se para o *ego ideal*. O superego é depressivo, proferindo sobretudo proibições. Com "o traço rigoroso e cruel do dever que dita ordens", com o "caráter das restrições rígidas, das proibições cruéis", ele domina o ego. O sujeito de desempenho *projeta-se* na direção do eu ideal, enquanto o sujeito da obediência *submete-se* ao superego. Submissão e projeção são dois modos de existência distintos. Do superego surge uma coerção negativa; já o eu ideal, ao contrário, exerce uma coerção positiva sobre o ego. A negatividade do superego restringe a liberdade do ego, mas o projetar-se para o eu ideal, ao contrário, é visto como um ato de liberdade. Em vista do fato de que o eu ideal se torna inalcançável, ele se considera deficitário, fracassado, sobrecarregado com suas autorreprimendas. A partir do fosso que se abre entre o eu real e o eu ideal, desenvolve-se uma autoagressividade crescente[54]. O

---

54. Ehrenberg acredita que a causa da autoagressão, característica da doença depressiva, seria a não localização da culpa e da responsabilidade: "No lugar das lutas entre grupos entra a concorrência individual [...] vivemos um fenômeno duplo: uma universalização crescente, mas que permanece abstrata (globalização), e uma individualização igualmente crescente, mas que pode ser concretamente percebida. [...] Nesse contexto, fica difícil responsabilizar alguém por uma situação na qual a pessoa se sente vítima. [...] O rancor volta-se contra si próprio – depressão é autoagressão –, é projetado em um bode expiatório" (Op. cit., p. 294). Diante da complexidade do contexto econômico-social, que não permite que se faça uma imputação unívoca da culpa, é até possível pensarmos que o rancor se

eu combate e decreta guerra ao si-mesmo. A sociedade da positividade, que acredita se libertar de todas as coerções alheias, vê-se enredada em autocoerções destrutivas. As doenças psíquicas como *burnout* ou depressão – as principais doenças do século XXI – revelam traços de autoagressividade. A própria pessoa provoca a autoviolência e se autoexplora. Em lugar da violência causada de fora para dentro, há uma violência gerada por si próprio; esta é muito mais fatal do que aquela, pois a vítima dessa violência imagina ser livre.

---

volte contra si mesmo, mas essa autoacusação se distingue essencialmente da autoagressão, que não raramente conduz ao suicídio.

# 4
# Política da violência

## 4.1 Amigo e inimigo

Segundo Carl Schmitt, a essência da política é a distinção entre amigo e inimigo[55]. O pensar político e o instinto político nada mais significam do que a "capacidade de distinguir entre amigo e inimigo"[56]. "Amigo/inimigo" não é um código binário usual que diferencia o sistema político de outros sistemas, pois o político não é um sistema entre outros, uma "região objetual". Essa "região objetual" da

---

55. Cf. SCHMITT, C. *Der Begriff des Politischen*. Munique, 1932, p. 14. O inimigo é "o outro, o estranho", "existencialmente algo diverso e estranho", "de tal modo que, em caso extremo, é possível haver conflitos com ele que não poderão ser dirimidos por uma normatização geral tomada de antemão nem pelo decreto de um terceiro 'não envolvido' e, assim, 'imparcial'".

56. Ibid., p. 34.

moral, que poderia ser chamada de "sistema", é determinada pelo código binário "bom/ruim". E a contraposição "belo/feio" define o sistema da estética. Mas a política não é uma região objetual (*Sachgebiet*). Desse modo, a distinção "amigo/inimigo" é fundamentalmente distinta do código binário, que constrói uma região objetual, um sistema social. As regiões objetuais e seus contrapostos apreendem apenas estados de coisas; "belo" e "bom" predizem uma coisa. Também um ser humano pode ser belo ou bom. Mas, segundo os argumentos de Schmitt, são descrições *objetuais*. A contraposição "amigo/inimigo", ao contrário, não é uma distinção objetual, mas uma distinção "ontológica", isto é, *existencial*. O inimigo não precisa ser moralmente mau ou esteticamente feio. Uma contraposição referida ao objeto ou à coisa precisa alcançar o "grau de intensidade extremado de uma ligação ou separação, de uma associação ou dissociação"[57] para se transformar em uma contraposição existen-

---

57. Ibid., p. 26.

cial: "amigo/inimigo". Assim, a distinção moral "bom/mau" só pode alcançar a dimensão política através de sua *existencialização*. Também a religião e a economia, como acontece com a estética e a moral, são inicialmente regiões objetuais. Elas se pautam em distinções de objeto, de coisa. Mas tão logo uma sociedade religiosa empreende uma guerra a partir de suas convicções, ou seja, começa a combater inimigos, ela está agindo politicamente: "O real agrupamento amigo/inimigo, do ponto de vista ontológico, é tão forte e marcante que, no momento em que a contraposição não política opera esse agrupamento, os critérios e motivações 'puramente' religiosos, econômicos, e culturais que tiveram até o presente são deixados de lado e submetidos às condições e consequências da situação que agora é política; condições e consequências totalmente novas e específicas vistas do ponto de vista 'puramente' religioso ou econômico, como também de outros pontos de vista 'puros', muitas vezes incoerentes e até mesmo 'irracionais'". Nisso, a existencialização da região objetual priva-as de sua objetualidade ou coisalidade, oferecendo-lhes traços irracionais. Visto a partir desse ponto de vista, segundo Schmitt, não haveria guerra objetual ou coisal.

Para Schmitt, a comunidade só se torna política no momento em que é ameaçada existencialmente pelo inimigo e precisa afirmar-se contra ele, i. e., no momento da guerra. A possibilidade real da violência forma a essência da política, e a luta não acontece apenas entre estados, mas também dentro de um Estado. Também em seu interior, um Estado só é político diante de um inimigo interno. Nesse sentido, segundo Schmitt, em todos os estados existe a instituição que no direito estatal das repúblicas gregas era chamada de "declaração *polemios*". No direito estatal romano era conhecida como "declaração *hostis*", ou seja, a "declaração intraestatal do inimigo"[58], que se realiza em forma de proscrição, banimento, desterro, "declaração de fora da lei" ou *sacratio*.

---

58. Ibid., p. 34.

A contraposição existencial entre amigo e inimigo, segundo Schmitt, é "suficiente" para marcar o caráter genuinamente político, desvinculando-o do "caráter meramente associativo-social"[59]. Como faz Heidegger, também Schmitt distingue comunidade de sociedade. Apenas a comunidade desenvolve uma energia política; a sociedade, ao contrário, não passa de uma "associação". A ela falta a *vontade*, a *interioridade*, a *decisibilidade* para a luta; a decisibilidade para *si*. Uma sociedade organizada a partir do elemento econômico pode, quem sabe, julgar e derribar seus adversários de um modo "não violento". Mas ela ainda não é uma unidade política, pois seu adversário não é um "inimigo", mas apenas um "concorrente". Para Schmitt, a guerra não é meramente um desdobramento da política com outros recursos, mas a *política como tal*.

Para Schmitt, a inimizade é constitutiva da identidade, sendo que a existência do *ego* deve-se apenas à defesa imunológica do outro

---

59. Ibid., p. 32.

enquanto inimigo. Schmitt igualmente observa que seria "um sinal de divisão interna" ter "mais do que um único inimigo real"; a impossibilidade de uma determinação unívoca do inimigo é interpretada como indício de falta de identidade do si-mesmo, sendo que a pluralidade dos inimigos dispersa o ego. Somente diante de um *único* inimigo é possível se manifestar o si-mesmo com toda sua nitidez e inequivocidade: "o inimigo é nossa própria questão como configuração. [...] Por essa razão, devo confrontar-me com ele em luta para conquistar minha própria medida, meus próprios limites, minha própria configuração"[60].

Para Schmitt, os pontos fortes da grande política não são os momentos em que se chega a um bom termo na reconciliação ou no entendimento com o inimigo, mas os "momentos em que ele é visto como inimigo com toda clareza e nitidez"[61]. O que fundamenta o caráter político não é o diálogo ou o com-

---

60. SCHMITT, C. *Theorie des Partisanen* – Zwischenbemerkung zum Begriff des Politischen. Berlim, 1963, p. 87s.

61. SCHMITT. *Der Begriff des Politischen*. Op. cit., p. 54.

promisso, mas a guerra e a contenda: "O que importa sempre é apenas o caso conflitivo"[62]. Não é a solução de conflitos que é política, mas, antes, o que dá fundamento ao caráter político é a inimizade, que está na base do caso conflitivo. Mas o "conflito bélico"[63] não é o caso limítrofe no qual cessa o caráter político. Pelo contrário, o limite enquanto *front* de batalha é que define o *espaço* do político. O caso de exceção é aquele no qual todas as condições normativas de uma comunidade são anuladas[64]; ele as reduz ao puro ser. Assim, o normativo dá pleno lugar ao existencial e o político se manifesta: "Na guerra, a disposição de matar pessoas que estão do lado ini-

---

62. Ibid., p. 27.

63. Ibid., p. 23.

64. Cf. SCHMITT, C. *Politische Theologie* – Vier Kapitel zur Lehre von der Souveränität. Berlim, 1990, p. 18s: "E visto que o estado de exceção continua sendo sempre bem diferente de uma anarquia ou de um caos; em sentido jurídico persiste a vigência de uma ordem, mesmo que não seja uma ordem do direito. Aqui, a existência do Estado conserva uma superioridade indubitável sobre a valência da norma do direito. A decisão se desvincula de qualquer ligação normativa e se torna absoluta em sentido próprio".

migo não tem sentido normativo, mas apenas existencial, e quiçá na situação de luta contra um determinado inimigo não existam ideais, programas ou normatividades"[65]. Portanto, não é possível haver justificação normativa da guerra, mas apenas justificação existencial; as normas fundamentam o caso normal, a "situação normal"[66]. Só é política a "situação crítica, totalmente anormal", na qual as normas não têm mais aderência. Nesse sentido, Schmitt desvincula a guerra da normatividade: "Uma guerra tem seu sentido não pelo fato de defender ideia e normas de direito, mas pelo fato de que é empreendida contra um inimigo real"[67].

Para Schmitt, a política não é um trabalho, mas se nutre, ao contrário, da tensão do incalculável. Poderíamos dizer também que o "cálculo", a administração e o gerenciamento estão desprovidos de tensão existencial. A "sociedade" destrói o "povo politicamente unido",

---

65. SCHMITT. *Der Begriff des Politischen*. Op. cit., p. 37.

66. Ibid., p. 34.

67. Ibid., p. 38.

transformando-o apenas em um "público interessado em cultura". O conceito do político schmittiano lembra o jargão heideggeriano da propriedade. Plenamente apolítico, no sentido de Schmitt, é também o "impessoal" (*Man*) de Heidegger, na medida em que lhe falta toda e qualquer decisibilidade heroica. Schmitt diria que o impessoal só tem capacidade para a luta, mas não para a concorrência. Além do mais, o impessoal foge de *situações* nas quais se tem de *decidir*: "O impessoal está presente por todo lado, mas de tal modo como se já houvesse se furtado onde a existência exige que se tome uma decisão"[68]. No discurso do reitorado (1933) que Heidegger escreveu um ano após a publicação de *Der Begriff des Politischen* (O conceito de político), de Schmitt, ele também evoca uma "comunidade de luta" guiada pelo dizer com teor comunitário"[69], afirmando que *ser* é luta. Com isso, ele adquire uma dimensão política.

---

68. HEIDEGGER, M. *Sein und Zeit*. Tübingen, 1993, p. 127.

69. HEIDEGGER, M. *Die Selbstbehauptung der deutschen Universität*. Frankfurt a. M., 1983, p. 14.

De acordo com Schmitt, o que está em questão no teor político é a decisão; a luta por decisão, a *violência cortante* da decisão; esta faz com que a discussão se torne supérflua. O *impessoal* discute, acrescentaria Heidegger; falta à discussão a violência decisória, o golpe decisivo que caracteriza a decisão. Por isso, Schmitt fala da discussão apenas de forma depreciativa: "assim, o conceito político de *luta* no pensamento liberal [...] entra em *discussão* [...]; no lutar de uma decisão clara [...] entra a dinâmica de uma concorrência e de uma discussão eternas"[70]. Sabe-se que Schmitt é um adversário declarado do parlamentarismo. A palavra "parlamento" remonta ao verbo francês *"parler"*. O conversar recíproco, a discussão é, nesse sentido, a essência do político. Mas a ditadura surge sem qualquer discussão; ela reduz a linguagem ao comando. Mas o comandar não é um *parler*. Para Schmitt, a *parlamentarização da linguagem, a parlamentarização da alma*, seria uma decadência. A

---

70. SCHMITT. *Der Begriff des Politischen*. Op. cit., p. 70s.

alma de Schmitt não tem paciência com a morosidade, a abertura e a publicidade do *parler*. E assim degrada-o a um *palaver*, que jamais chega ao fim, não levando a qualquer decisão definitiva. A palavra "decisão" provém do latim "*decidere*", que significa cortar, cindir. Tomam-se decisões quando se corta a garganta do outro, do inimigo; assim, corta-se a palavra do outro. A decisão é uma tomada de decisão sem intermediação, através da espada; ela se apoia na *violência*. Já a discussão como o *medium* do político segue um espírito completamente diferente; em lugar do *combattere* entra o *compromettere*.

Schmitt está pensando em contraposições irreconciliáveis, dicotômicas. O "ou ou" é a forma fundamental de seu pensar, de sua *alma*. Seu universo é articulado por passos bastante nítidos e definidos; sua crítica ao romantismo remonta precisamente à sua incapacidade de admitir uma multiplicidade de significados e a ambivalência. O universo com teor romântico é, para ele, "um mundo sem substância e sem ligação funcional, sem uma direção firme, sem conclusão e sem definição, sem decisão, sem um juízo definitivo"[71]. Assim, o romântico Adam Müller é acusado por sua "busca de ser intermediador por toda a parte; sua 'tolerância que abarca todo o mundo', não deixando nada para trás que pudesse amar ou odiar com sensatez". Critica-se "seu panteísmo sentimental, que no fundo está sempre de acordo com tudo, que tudo abona"; sua natureza feminina, "vegetal"[72], que se contrapõe à natureza masculina, rapace. A existência política não é, portanto, vegetal, mas bestial. O político não é um elemento de reconciliação, de intermediação, mas de assalto e conquista, sendo que a vida só recebe sua "tensão especificamente política" através da "luta real", dessa "possibilidade extremada", i. e., a partir da violência. Assim, para Schmitt, uma comunidade universal transnacional não é um estado ou uma situação política, pois não tem inimigo algum fora de si: "Um mundo onde a possibilidade

---

71. SCHMITT, C. *Politische Romantik*. Berlim, 1968, p. 25.
72. Ibid., p. 176.

de uma tal luta fosse completamente eliminada e viesse a desaparecer completamente, transformando-se em planeta definitivamente pacificado, seria um mundo sem distinção entre amigo e inimigo, e, consequentemente, um mundo sem política"[73].

A política da violência schmittiana é uma *política da identidade*, que marca e caracteriza sua própria *alma*, muito além do político. Também sua *hidrophobia* remonta, em última instância, a seu impulso por identidade. Para Schmitt, a água é um elemento muito angustiante e assustador na medida em que não admite demarcação precisa. Ela é *desprovida de caráter* na medida em que nada se pode inscrever nela: "O *mar* não apresenta qualquer unidade sensorial de espaço e direito, de ordem e localização. [...] No mar tampouco podem ser encravadas linhas firmes e fixas [...]. O mar não possui caráter no significado originário da palavra. Caráter provém da palavra grega *diarassein*, que significa entalhar,

---

73. SCHMITT. *Der Begriff des Politischen*. Op. cit., p. 23.

lavrar, imprimir uma marca"[74]. Schmitt é um "ser terrestre" especial, um "ser que caminha na terra"[75] na medida em que pensa apenas em distinções e dicotomias firmes e não tem qualquer tipo de acesso ao que está flutuante e indistinto.

A política da identidade de Schmitt libera muitas energias destrutivas, mas essa violência está voltada para fora. Em relação ao interior ela tem efeito estabilizante, pois todas as energias conflitivas partem do si-mesmo para o outro, e, assim, são externalizadas. A violência que se aplica ao outro como inimigo confere ao si-mesmo estabilidade e firmeza, formando identidade. Como ele observa, o inimigo "é uma questão própria como configuração". É só diante do inimigo que o si-mesmo adquire "sua medida própria, seus limites próprios, sua configuração própria". A *exclusão* do outro, bem demarcado como inimigo, forma, em movimento contrário, a imagem *conclusiva*,

---

74. SCHMITT, C. *Nomos der Erde*. Berlim, 1950, p. 13s.

75. SCHMITT, C. *Land und Meer* – Eine weltgeschichtliche Betrachtung. Colônia, 1981, p. 7.

unívoca do si-mesmo. Quanto mais nítida e unívoca for a imagem do inimigo, mais claros serão os contornos da própria configuração. A imagem do inimigo e a imagem do si-mesmo condicionam-se mutuamente, provocam seu surgimento mútuo. As energias destrutivas dirigidas contra o outro têm efeito construtivo na formação de um si-mesmo firmemente delimitado e demarcado.

O "caráter" é um fenômeno da negatividade, visto que pressupõe exclusão e negação. É uma fraqueza de caráter "ter mais do que um único inimigo real". Assim, seria igualmente um sinal de falta de caráter ter mais do que um único amigo verdadeiro. Apesar – ou justamente por causa – de sua negatividade, o caráter é uma figura que coloca em forma e dá estabilidade ao si-mesmo. A violência *cortante* da decisão e exclusão, que deve seu rigor também ao "caráter", não se coaduna com a sociedade de desempenho atual, na qual o que importa não se afirma diante de nada. O sujeito de desempenho tem de ser um *homem flexível*, sendo que essa modificação está condicionada sobretudo ao aspecto econômico. Nesse contexto, uma identidade rígida resiste à atual aceleração das relações de produção; duração, constância e continuidade freiam o crescimento. Mas o sujeito de desempenho encontra-se constantemente em estado de permanente suspensão, que não admite "localização" definitiva, contornos claros do si-mesmo. O sujeito ideal de desempenho seria um *homem sem caráter, um homem livre de caráter*, disponível para tudo, enquanto que o sujeito disciplinar teria de demonstrar um firme caráter. Até certo ponto o estado de suspensão caminha acompanhado do sentimento de liberdade. Mas, com o passar do tempo, isso acaba levando à exaustão psíquica.

A repressão ortopédica, ortopsíquica não é apenas destrutiva, mas também coloca em *forma* a alma, dando-lhe um senso de localização. A total eliminação da negatividade tem um efeito deformativo e desestabilizador, pois em virtude da falta de "localização", a alma não pode se recolher; perde seu senso e não consegue descansar. Onde os modelos de identidade e de orientação estáveis e objetiváveis se rompem gera-se instabilidade psíquica e *perturbações de caráter*, sendo que a falta de fechamento e inconclusividade do si-mesmo não só não torna livre, como faz adoecer. O sujeito de desempenho, que se tornou depressivo, poderia ser chamado, por assim dizer, de um *homem sem caráter*.

A atual sociedade de desempenho não é dominada pelo esquema imunológico *amigo/inimigo*. Como diz Schmitt, o "concorrente" não é um inimigo. Con-correr significa literalmente correr *junto*; é o competir por causa de determinada coisa. Na inimizade, ao contrário, não está em questão coisa alguma, mas a própria existência. Precisamente, falta à relação da concorrência a *tensão existencial*, a negatividade da inimizade, que auxilia o si-mesmo a formar uma autoimagem unívoca. O sujeito de desempenho pós-moderno desonera-se cada vez mais da negatividade; não está mais na frente do inimigo nem do soberano. Já não há instância alguma que o obrigue a gerar sempre mais desempenho. Ao contrário, é ele mesmo que se obriga a isso e que empreende guerra contra si.

O outro se apresenta imediatamente como oponente, sendo que uma total eliminação do caráter de resistência e oposição poderia nivelá-lo ao *igual*. Já a inimizade é uma relação com o outro, geradora de elevadíssima fricção. No embalo de positivação da sociedade o indivíduo pós-moderno vai se desonerando sempre mais da *negatividade do outro*. Sua liberdade se conforma à liberdade do outro, que acaba se convertendo em autorrelação, com elevado índice de patologia. Com isso, vai perdendo cada vez mais a relação com o exterior, com o objeto, com o mundo, sendo que os novos meios e formas de comunicação reforçam ainda mais esse fenômeno. Também o espaço virtual em que se navega oferece pouquíssima resistência vinda de um outro. Ele se presta, antes, como um espaço de projeção no qual o indivíduo pós-moderno encontra principalmente a si mesmo.

O sujeito da obediência e o sujeito disciplinar se encontram com o *outro*, que se manifesta como Deus, soberano ou consciência moral. Estão submetidos a uma instância exterior, da qual provêm não apenas repressão e punição, mas também *gratificação*. O sujeito da sociedade de desempenho, ao contrário, é marcado por uma autorrelacionalidade narcisista. Em virtude da falta de gratificação por parte do outro, ele se vê obrigado a produzir sempre mais e cada vez com melhor desempenho. Também a negatividade do outro, onde ainda habita a relação de concorrência, é um elemento que falta ao sujeito de desempenho, pois, em última instância, ele está concorrendo consigo e procura se superar. Isso acaba desembocando em uma corrida competitiva fatal e também em um círculo infinito *em torno de si mesmo*, que, em algum momento, acabará ruindo.

A depressão pode ser qualificada como uma perturbação narcisista, tendo seu ponto de partida em uma relação rompida com o *outro* e também com a falta de relacionamento externo e com o mundo. Ela também ameaça a pessoa que circula "ao redor de seu próprio umbigo" e fica remoendo-se. Ocupar-se de forma torturante de si – para falar com Schmitt, em virtude de autorrelacionalidade, acaba não levando a nenhuma "configuração própria" – também pode favorecer a construção imaginária de um inimigo externo, uma vez que este desonera sua alma, que está sobrecarregada e agastada de si, guerreando-se. As imagens hostis produzidas pela imaginação ajudam o si-mesmo a formar uma "figura" objetivável que o liberta da relação narcisista paralisante e que o resgata de seu mergulho no vazio subjetivo. A hostilidade de hoje ao estranho é um indício dessa dimensão imaginária.

Para se libertar da roda de hamster, que gira cada vez mais rápido ao redor de *si mesma*, seria necessário restabelecer a relação com o *outro*, e quiçá para além do esquema amigo/inimigo schmittiano, ligado à violência da negatividade. Assim, faz-se necessária outra construção, uma *reconstrução do outro* que não desencadeie qualquer tipo de defesa imunológica destrutiva. Deveria ser possível estabelecer uma relação com o outro na qual o "deixasse estar", confirmando-o em sua alteridade, em seu ser-assim. Esse *sim ao assim* se chama *amistosidade* (*Freundlichkeit*). Ela não consiste em deixar o outro passivo, indiferente, mas é uma relação ativa, participante no seu ser-assim. Ela só é despertada diante do outro, do estrangeiro, e quanto maior for sua diferença tanto mais intensiva ela se tornará. Diante do *igual* não é possível haver amistosidade nem hostilidade, nem *sim* nem *não*, nem saudação nem rechaço.

A política da amistosidade é mais aberta do que a política da tolerância. Esta é mais uma práxis conservativa, uma vez que, nela, a alteridade é apenas tolerada. Continua ligada a uma autoimagem fixa, a uma identidade claramente restritiva, estabelecendo-se uma delimitação rigorosa diante do outro. Além do mais, a práxis da tolerância não está livre do domínio; as minorias são toleradas pela maioria detentora do poder. Mas a política da amistosidade gera um máximo de coesão em um mínimo de conexão, um máximo em proximidade com um mínimo de parentesco.

A política schmittiana da violência, enquanto política da identidade, ao contrário, converte a própria fraternidade, que possui um máximo de parentesco, ao fenômeno de inimizade. À pergunta "Quem é meu inimigo?" Schmitt responde: "O outro demonstra ser meu irmão, e o irmão demonstra ser meu inimigo"[76].

## 4.2 Direito e violência

Há uma hipótese muito difundida de que a ordem do direito perderia sua eficácia se, para impor seus objetivos, não dispusesse de recursos violentos. Segundo essa assertiva, o direito nada mais seria do que uma prerrogativa do poderoso de impor a violência. É bem verdade que no direito existe a possibilidade de uma imposição violenta, mas necessariamente ele não precisa se basear nela. Nesse sentido Hegel escreve que "a representação imagina, muitas vezes, que a coesão do Estado se dá através da violência; mas o elemento aglutinador é só o sentimento fundamental da ordem, que to-

---

76. SCHMITT, C. *Ex Captivitate Salus* – Erfahrungen aus der Zeit 1945-1947. Colônia, 1950, p. 89.

dos têm"[77]. O que mantém viva uma ordenação do direito não são apenas as ameaças de violência ou as sanções negativas; a violência nada *mantém coeso*. A partir dela não se alcança estabilidade; pelo contrário, sua existência é sinal de instabilidade interior. Uma ordem jurídica que só pudesse se manter pelo emprego da violência seria muitíssimo frágil. O que assegura uma estabilidade constante é tão somente a afirmação da ordem jurídica. A violência se manifesta precisamente no momento em que o elemento "sustentador" desaparece da ordem do direito.

Também a filosofia política de Walter Benjamin parte da unidade interna entre violência e direito. Enquanto força que institui o direito, a violência já estaria atuante na sua origem. Benjamin concebe o direito como a prerrogativa do poderoso; o vencedor impõe sua vontade, seu interesse, sua existência através da violência. As relações do direito nada mais

---

[77]. HEGEL. *Grundlinien der Philosophie des Rechtes* – Werke in zwanzig Bänden. Vol. 7. Frankfurt a. M., 1969, p. 414 [Ed. por E. Moldenhauer e K.M. Michel].

refletem do que as relações de poder: "imposição do direito é imposição do poder"[78]. Dessa forma, a violência é constitutiva para a imposição do direito. Benjamin exemplifica o nexo de pertença entre direito e violência no Mito de Níobe: "É verdade que a ação de Apolo e de Ártemis poderia parecer apenas como punição. Mas sua violência institui, antes, um direito de punir por violar um direito já existente. O orgulho de Níobe conjura a desdita sobre si mesma não por ter ferido um direito, mas porque força o destino a uma luta na qual deve vencê-lo e a um direito que se manifeste só e sempre na vitória"[79]. A violência continua atuante para além da imposição do direito, cuidando para que o direito instituído seja obedecido na medida em que edifica um cenário ameaçador. Para Benjamin, em todo o seu espectro de atuação, o direito está alienavelmente ligado à violência, baseado nela; a violência é a *essência* do direito. Benjamin

---

78. BENJAMIN, W. *Zur Kritik der Gewalt* – Gesammelte Schriften, II.1, p. 198 [Ed. por R. Tiedemann et al.].

79. Ibid., p. 197.

ignora completamente a dimensão mediadora do direito, a dimensão que busca impedir a violência, já expressa por Hesíodo: "Ouve agora o direito e afasta de tua mente o uso da violência! / pois Cronos distribuiu uma tal lei aos seres humanos: / talvez os peixes, os animais selvagens e os pássaros emplumados devessem devorar uns aos outros, pois entre eles não há o direito. / Mas ele concedeu o direito aos seres humanos, de longe, como o melhor de todos os bens"[80].

O direito foi submetido a mudanças históricas e estruturais. Inicialmente ele se manifestava como um poder do destino assustador. Sem o uso do bom-senso, violava a lei tácita e não escrita, gerando a expiação. Benjamin apela exclusivamente para esse modelo arcaico-mítico, generalizando-o como a *essência* do direito. Segundo Benjamin, *toda e qualquer* violência jurídica é uma "manifestação mítica

---

80. HESÍODO. *Werke und Tage*, V, 274-280. Também Agamben cita esse verso sem, porém, reconhecer a diferença essencial entre violência e direito. Cf. AGAMBEN. *Homo sacer* – Die Souveränität der Macht und das nackte Leben. Frankfurt a. M., 2002, p. 42.

da violência imediata". Em virtude de sua ligação com a violência, o direito é "reprovável" e incapaz de criar justiça. Mas Benjamin recorda a "corruptibilidade de sua função histórica, cuja aniquilação se torna então sua tarefa"[81].

O escrito de Benjamin *Zur Kritik der Gewalt* (A crítica da violência) surgiu nos anos de crise da República de Weimar. Tal como fizera Carl Schmitt, ele se mostrou bastante cético em relação ao parlamentarismo: "A eles [parlamentares] falta o senso para a violência, que impõe o direito, violência representada; não é de se admirar que não cheguem a tomar decisões que seriam dignas dessa violência, mas estabelecem acordos que favorecem um modo de ação supostamente não violento em questões políticas"[82]. Benjamin claramente não compreende a *essência* do parlamento. Trata-se de um lugar para falar uns com os outros (*parler*). O parlamento desloca a imposição do direito da violência para o discurso; os acor-

---

81. BENJAMIN, W. *Zur Kritik der Gewalt*. Op. cit., p. 199.

82. Ibid., p. 190s.

dos são livres da violência na medida em que permanece a discussão mútua. Na violência, ao contrário, habita a mudez absoluta, a perda da fala. Benjamin não compreende a essência do acordo na medida em que vê nele uma "mentalidade da violência"[83]. Quem realmente possui a mentalidade da violência não se permite fazer acordos. Já a democracia tem um *núcleo essencial comunicativo*; *ao falarem*, as minorias também podem influenciar um processo de decisão. A ditadura proíbe o falar; ela dita.

Mas em Benjamin a crítica ao parlamentarismo tem uma motivação diferente do que em Carl Schmitt, pois este descredencia o parlamentarismo em favor de uma violência decisória que impõe o direito. A crítica de Benjamin ao parlamentarismo, ao contrário, provém de um ceticismo radical diante do direito; o deus de Benjamin não é um soberano que impõe o direito. Enquanto Carl Schmitt não abandona a imanência da ordem do direito, Benjamin tem em vista uma instância para

---

83. Ibid., p. 191.

além dele. Sua dúvida remonta, em última instância, à ligação genealógica e generativa com a violência. É precisamente em virtude da natureza originariamente violenta do direito que ele refuta o parlamentarismo: "comparativamente, por mais desejável e divertido que seja um parlamento supremo, na discussão e abordagem de meios não violentos por princípio, não poderá tratar-se de parlamentarismo. Pois o que ele alcança em assuntos vitais só pode ser aquelas ordenações do direito dotadas de violência desde o princípio, do ponto de partida"[84]. Também o contrato jurídico não significa, para Benjamin, uma resolução não violenta de conflitos, pois ele concede a cada parte o direito de fazer uso de violência caso a outra parte rompa com o contrato. Benjamin sempre vislumbra a relação do direito a partir da situação-limite, do *caso excepcional*, aqui; a partir da possibilidade de ruptura do contrato. Com isso, perde-se totalmente o foco da função intermediadora do direito, que consti-

---

84. Ibid.

tui a diferença essencial entre direito e violência. O *contrato* pressupõe que as partes *entrem em acordo*, que estejam dispostas a renunciar à violência e conversar entre si. O contrato, como um acordo, é um *efeito da fala*. Nele inabita um *núcleo comunicativo*, que não pode ser reduzido à economia do poder e da violência.

Diante do caráter violento do direito, Benjamin se pergunta se haverá outros recursos que possam ser empregados na regulamentação de interesses humanos conflitantes, a não ser os violentos. Inicialmente, ele afirma a existência da possibilidade de resolver conflitos sem fazer uso da violência: "Sem dúvida, as relações entre pessoas privadas estão repletas de exemplos para isso. União desprovida de violência pode ser encontrada por todo lado onde a cultura do coração dispôs aos seres humanos recursos puros para o entendimento"[85]. Aos meios legítimos e ilegítimos de todo tipo, que ainda são absolutamente violentos, Benjamin contrapôs os "recursos puros". Eles são

---

85. Ibid.

puros na medida em que estão livres de toda e qualquer relação jurídica. Entre esses recursos não violentos de intermediação ele conta, entre outros, "a cortesia cordial, a inclinação, o amor à paz, a confiança". A confiança, por exemplo, é bem menos coativa do que a relação contratual, pois renuncia empregar a violência quando se dá uma ruptura contratual. Onde desaparece a confiança, a violência ganha entrada. Benjamin chama a atenção para o fato de que na história milenar dos estados foram se desenvolvendo meios não violentos de concordância, e, em negociações mútuas, os diplomatas foram eliminando pacificamente e sem uso de contratos, de caso a caso, os conflitos entre pessoas privadas. Ele fala inclusive da "tarefa suave" que "se desvincula resolutamente da corte de arbitragem. Uma solução, porém, fundamentalmente mais elevada do que a tomada na corte de arbitragem, porque está muito além da ordem do direito e, portanto, da violência"[86]. A "política dos recursos pu-

---

86. Ibid., p. 195.

ros"[87] é uma política de entendimento e de intermediação extra-ordinária, i. e., vai além da ordem jurídica. Benjamin mesmo eleva a linguagem para o nível de "esfera própria do 'entendimento'", que "está totalmente inacessível à violência". Benjamin, em todo caso, restringe a efetividade dos recursos puros. Ele só fala da "política dos recursos puros"[88] no contexto de conflitos interestatais, em que se deve buscar alcançar uma união, porque as partes conflitivas temem sofrer desvantagens num confronto violento, como sempre acontece. A política benjaminiana dos recursos puros não é uma ética, mas uma técnica de entendimento empregada nos conflitos em favor de bens: "Eles (a saber, os recursos puros) [...] jamais se referem diretamente à minoração de conflitos entre seres humanos, mas direcionam-se apenas às coisas. Na relação coisal dos conflitos humanos em relação aos bens se abre o âmbito dos recursos pu-

---

87. Ibid., p. 193.

88. Ibid.

ros"[89]. Benjamin está convencido de que "toda e qualquer ideia de resolver qualquer tipo de tarefa humana imaginável, sem mencionar uma redenção do círculo mágico de todas as situações existenciais da história universal até o presente, não pode ser levada a efeito se, por princípio, se deixar completamente de lado algum tipo de violência". Assim, ele pergunta por um tipo de violência bastante diferente que se afaste de todas as teorias do direito[90]. E visto que Benjamin rechaça toda e qualquer ordem do direito humano em virtude de sua ligação com a violência, mas ao mesmo tempo considera impossível renunciar completamente à violência; ele se esquiva da violência divina, que é igualmente "pura" na medida em que está livre de qualquer ordem jurídica e legislação mítica.

Segundo Benjamin, a pureza da violência divina consiste no fato de que ela desfaz a ligação do direito à violência; ela se desfaz de

---

89. Ibid., p. 191s.

90. Ibid., p. 196.

qualquer ligação com a ordem do direito. É por isso que ela seria "determinante", não estabelecendo relações de poder e de domínio. A violência mítica, ao contrário, gera um nexo de culpa e de direito, que transforma o vencido em culpado e devedor. A culpa e a dívida persistem enquanto dure a violência. Assim, Níobe é conservada viva como "eterna e calada portadora de culpa". Seu sofrimento perpetuado confirma a violência mítica vigente. A violência divina, ao contrário, é "expiatória", porque transpassa completamente o próprio nexo de culpa. E visto que está totalmente livre de poder e domínio, tampouco busca exercer o poder, reger ou administrar, i. e., não "atua livremente". Assim, Benjamin chama-a de violência "regente". A violência que conserva o direito é chamada de "violência regida". A violência divina, enquanto "regente", seria, então, uma violência que se retrai de toda e qualquer regência, comutação, unidirecionamento, economia, cálculo e técnica.

O julgamento sobre a Congregação de Coré é contraposto ao Mito de Níobe como exemplo da violência divina: "ele atinge diretamente os que tinham a prerrogativa do direito, os levitas; atinge sem anúncio prévio, sem ameaças, abatendo, e não se detém até a aniquilação. Mas também não se deve deixar de reparar um profundo nexo entre o caráter incruento e expiatório dessa violência"[91]. A violência mítica impõe o direito. Ademais, ela é, ao mesmo tempo, inculpatória e reconciliatória. A violência divina, ao contrário, aniquila o direito e é expiatória. Essa contraposição diametral é problemática. No Mito de Níobe está indubitavelmente em questão o poder e a imposição do direito. A vitória da deusa Leto sela a consagração de seu direito exclusivo, sua prerrogativa de direito de ser venerada pelos seres humanos. Ela descreve e fixa a diferença entre homens e deuses. Sua violência sanguinária impõe o direito e estabelece limites, mas a violência divina não se distingue radicalmente dessa violência mítica. Coré se rebela e trama contra Moisés. A aniquilação de sua

---

91. Ibid., p. 199.

tribo por Deus sela e confirma o domínio de Moisés, que faz uso dessa aniquilação para justificar seu domínio. Ele a *interpreta* como sinal de sua predileção, de sua proximidade especial de Deus. O único exemplo concreto que deve demonstrar a violência divina não é puro. Como a violência mítica, está contaminado com domínio e poder. Em última instância, a violência divina nada mais é do que uma instância imaginária que pode ser tomada por todo e qualquer domínio, como razão, para legitimar seu exercício. Ela envolve toda interpretação posterior, toda construção de sentido na trama da violência mítica.

Benjamin apresenta ainda outras características distintivas que, no entanto, não são muito plausíveis. A violência mítica é sanguinária[92], uma "violência sanguinária sobre

---

92. Moisés *interpreta* a morte incomum dos seguidores de Coré como um sinal divino de que Deus o escolheu: "Nisso devereis reconhecer que o Senhor me enviou a fazer todas essas obras e que não as faço por minha própria conta: se estes morrerem como morre todo homem ou forem atormentados como é atormentado todo homem, então o Senhor não me enviou; mas se o Senhor fizer algo de novo, de modo que a terra abra sua boca e os engula com tudo o

a vida desnuda". Mas a violência divina, ao contrário, é "letal e incruenta". De acordo com Benjamin, o sangue simboliza aquela vida que se mantém presa à posse e ao poder. É bem verdade que a violência divina é aniquiladora, mas só relativamente, no que diz respeito a bens, direito, vida etc.; jamais absolutamente, em vista da alma do vivente"[93]. A "alma" é uma esfera pura, supressa das relações do direito, do poder e da posse, do mero viver. O domínio do direito, enquanto recurso impuro, está restrito ao sangue, à mera vida: "pois, com a mera vida cessa o domínio do direito sobre o vivente"[94].

A "violência educativa", que "está em um âmbito fora do direito", e que Benjamin, por isso, chama de violência pura, mesmo em sua forma "perfeita" deixa incólume a "alma". Não existe educação que totalmente livre de dispositivos que se avizinham aos mitos. É imagi-

---

que eles têm, que eles sejam precipitados vivos para junto dos mortos, então ireis reconhecer que essas pessoas pecaram contra o Senhor" (Nm 16).

93. BENJAMIN. *Zur Kritik der Gewalt*. Op. cit., p. 200.

94. Ibid.

nária aquela forma pura de violência "que faz um híbrido do mito com o direito"[95]. Aqui Benjamin recai na lógica da *hibridização*, que não consegue resistir a uma desconstrução. Se por acaso existisse, uma violência pura não poderia *se manifestar*. Toda e qualquer visibilidade acabaria expondo-a à *interpretação*, que processa e trabalha com mitos, tornando-a impura.

Na esteira de Benjamin, Agamben vislumbra o direito exclusivamente na perspectiva da violência. Assim, ele o demoniza e se recolhe, como Benjamin, a um espaço de desejo messiânico onde "a humanidade brinca com o direito como crianças com objetos obsoletos"[96]. A proximidade essencial entre direito e violência, segundo ele, manifesta-se no estado de exceção, no qual o direito vigente é abolido e, para isso, torna-se patente a razão de validade, isto é, a violência da soberania que impõe o direito. O soberano, que decide sobre o estado de exceção, é "o ponto de indistinção entre

---

95. Ibid., p. 203.

96. AGAMBEN, G. *Ausnahmezustand*. Frankfurt a. M., 2004, p. 77.

violência e direito, o umbral onde a violência se transmuta em direito e o direito se transmuta em violência"[97].

A legalização sempre se realiza como espacificação e localização. A pura e simples violência não está em condições, sozinha, de criar espaços e formar lugares. Falta-lhe a força intermediadora de criar espaço. Assim, não pode produzir *espaço* algum do direito. Não é a violência, mas apenas o poder, que é capaz de criar espaço. Agamben não distingue entre poder e violência; a violência deve se transformar em poder para que possa abrir algum espaço. Do contrário, ela se esvazia no instante de sua ação. A violência confronta-se com um não em forma de negação; o poder, ao contrário, desdobra-se ao longo de um sim. Quanto maior for a confirmação dada ao detentor do poder, maior será seu poder. Quanto menor for a diferença entre a vontade do detentor do poder e aquele que está submisso ao poder, mais estável será seu poder.

---

97. AGAMBEN. *Homo sacer*. Op. cit., p. 42.

Um soberano realmente divino, cujas palavras se transmutassem imediatamente em direito, também seria capaz de produzir a própria vontade comum; sua vontade logo se converteria na vontade de todos. Assim, para a imposição do direito, ele não precisaria fazer uso da violência. Mas não é pelo fato de gerar *primeiramente* a vontade que ele vai de encontro à vontade oposta. Assim, sua atuação não é arrasadora e destruidora, mas puramente *pro-ducente*. A pura e simples violência não é capaz de impor o direito; ela é inefetiva diante de um não absoluto. Mesmo uma submissão feita por coação contém um sim, e sempre é possível contrapor um não corajoso à violência. O não absoluto nega as relações de poder, i. e., as relações de submissão. Também o direito recebe sua estabilidade em virtude de um sim estimativo. Desse modo, os ditadores romanos, que em tempos de carestia, por exemplo, eram instituídos por um determinado tempo a fim de empreender as guerras, embora não fossem obrigados a isso, faziam plebiscitos sobre as leis para assegurarem para si apoio e retaguarda do povo, para conseguirem definitivamente o poder.

A política se dedica à condução do Estado (*polis*), que, segundo Aristóteles, "apesar de ter nascido em vista da vida, deve ser preservado em vista do bem-viver (*eu zen*)"[98]. Fazem parte essencial da política o direito e a justiça (*dikaion*). Sua atuação é intermediar e cuidar para que a convivência chegue a bom termo e para que se maximize o bem-estar geral. O estado (*polis*) é bem mais do que uma configuração de poder e de domínio; não é fraqueza, mas justamente fortaleza da política aristotélica não estar direcionada ao domínio. A meta da *polis* é a "autonomia" (*autarkeia*). As pessoas se agrupam e formam uma comunidade porque, sozinhas, sofrem de carência. Uma comunidade política sempre surge a partir de um sentimento de falta, e não a partir da vontade de alcançar poder e domínio; as pessoas decidem viver com outras para afastar o sentimento de carência. É bem verdade que a polí-

---

98. ARISTÓTELES. *Política*, 1.252b.

tica surgiu por causa do viver e do sobreviver, mas é só a preocupação pelo 'bem-viver" que faz com que ela seja o que ela é realmente.

Política é intermediação, sendo que ela exerce essa função para além da ordem do direito, para além da justiça. É justamente por isso que Aristóteles dá grande importância à amizade, que tem uma função muito mais intermediadora do que o direito e a justiça. Aristóteles observa que os bons legisladores deveriam nutrir cuidados muito mais em vista da proteção da amizade do que em prol da justiça. A amizade rege a convivência social de modo muito mais eficiente e, sobretudo, menos violento do que a ordem do direito. Por isso, o *zoon politikon* deve ser um amigo: "Se os cidadãos forem amigos uns dos outros não será necessária qualquer proteção jurídica; se eles forem justos, porém, ainda necessitam da amizade"[99]. Em sentido enfático, é político o agir que faz uso de forças extrajurídicas da intermediação e do entendimento. A política

---

99. ARISTÓTELES. *Ética a Nicômaco*, 1.155a.

da amizade é a única que não permite o surgimento de uma situação crítica que necessita de mediação jurídica, da mediação de uma corte de arbitragem. Aristóteles institui e eleva a amizade como "o mais elevado bem" para o Estado[100]. Nesse sentido, ela é o símbolo do político por excelência na medida em que a própria comunidade é "algo com caráter de amizade"[101]. Aristóteles radica a amizade em um nível bastante fundamental, em um nível existencial. Assim, o Estado coloca a amizade como seu fundamento, como a condição de possibilidade de sua existência na medida em que nada mais representa além da "livre-decisão para a convivência"[102]. Em sentido próprio, *política* não é a vontade de exercer o domínio, mas a *decisão de viver conjuntamente*[103]. A vida humana não se politiza ao se

---

100. ARISTÓTELES. *Política*, 1.262b.

101. Ibid., 1.295b.

102. Ibid., 1.281a.

103. Assim, as organizações que têm um cunho puramente econômico e que se orientam apenas na obtenção de lucro não poderão formar comunidade. A razão disso é que lhes

abandonar incondicionalmente ao poder; somente a decisão de viver juntos é que politiza a existência humana[104]. Nem o poder nem a violência são vivificados pela ideia genuinamente política de comunidade, isto é, a decisão de viver conjuntamente. É verdade que o poder pressupõe a existência de uma comunidade, mas, em última instância, ele é um fenômeno do si-mesmo, i. e., ipsocêntrico. O *junto* não é sua intencionalidade.

Agamben faz coincidir, de forma integral, direito e violência. Ele chega a afirmar que "a política é infectada pelo direito"[105]. Recorrendo a Hobbes, ele faz a seguinte exigência: "Todas as ideias de atos políticos originários como

---

falta a dimensão política. O sistema econômico cujo código binário seja "lucro/prejuízo" não tem olhos para ver o bem-estar comum. Precisamente aqui é que se mostra a verdadeira essência do político.

104. É justamente a partir de sua compreensão política que Aristóteles condena a constituição do Estado voltada para a guerra e o domínio (*Política*, 1.333b). "O desejoso por guerra é somente aquele que 'está isolado'" (1.253a). O político não se delimita afastando-se do outro como inimigo, mas estabelece a mediação e a conjugação. A guerra só se torna ação política quando é feita em vista da paz (1.333a).

105. *O estado de exceção de Agamben*. Op. cit., p. 105.

contrato ou entendimento, que marcariam unívoca e definitivamente a mudança da natureza em Estado, devem ser inapelavelmente eliminadas"[106]. Agamben chega a essa exigência reproduzindo Hobbes de um modo um tanto desvirtuado. O próprio Hobbes pensa o político a partir do contrato. Ele define o Estado como "*uma* pessoa" "cuja vontade, em virtude do contrato de diversas pessoas, tem validade como vontade de todos, de modo que ela pode empregar as forças e habilidades dos indivíduos para a paz e a proteção comum"[107]. Também no *Leviatã* o Estado é apresentado como aquela "pessoa" "a partir da qual cada indivíduo de uma grande multidão se fez autor de suas ações, através de um contrato recíproco de cada um com cada um, com o objetivo de que ela empregue as forças e os recursos de todos, ao modo como lhe parecer conveniente, para a paz e para a defesa geral"[108]. Nesse sen-

---

106. *Homo sacer*. Op. cit., p. 119.

107. HOBBES, T. *Elemente der Philosophie*. Hamburgo, 1994, p. 129.

108. HOBBES, T. *Leviathan*. Hamburgo, 1996, p. 135.

tido, o próprio subalterno é o *autor* de todas as ações e julgamentos do soberano. Assim, o soberano "não pode infligir qualquer injustiça a um de seus subalternos por nenhuma de suas ações"[109]. Afinal de contas, o subalterno só está submisso a si mesmo, isto é, à sua própria vontade, que é, ao mesmo tempo, a vontade de todos. Quem reclama de uma injustiça do soberano reclama de algo cuja autoria deve assumir. Assim, estaria acusando a si mesmo. O subalterno, enquanto cidadão, vê-se espelhado no soberano e encontra-se em cada uma de suas ações. Genuinamente, política é precisamente essa estrutura de intermediação complexa, voltada para o "bem-estar comum" (*common benefit* – benefício comum). A existência do "Estado" (*commonwealth* = comunidade) deve-se a essa decisão *política de viver em conjunto*. Em Hobbes, a violência do soberano, que deve proteger a ordem do direito, não se chama *violência*, mas *common power* (poder comum). O poder político surge desse

---

109. Ibid., p. 139.

*common*, do agir *conjunto* e de uma vontade *comum*. A *violence* não é *política*. Ela não gera legitimidade alguma que preceda a legalidade, a saber, as normas positivas. Legitimadora é a vontade *política*, ou seja, a vontade *comum*. É precisamente esse *common* que distingue o poder da violência. Isso se retrai do modelo de negatividade de Agamben.

De um modo problemático, via de regra, Agamben chama o poder soberano de *violenza*. Com isso, solapa completamente a diferença eminentemente importante do significado de *common power* e *violence*. Ele reduz o poder a seu diabolismo, aproximando-o da violência. Também a polícia é diabolizada. Ela é a instância "onde se desnuda com a máxima nitidez a proximidade, quase que a alternância constitutiva entre violência (*violenza*) e direito"[110]. Agamben faz coincidir a polícia com o lugar do soberano, "onde não mais existe diferença entre violência (*violenza*) e poder, num retorno às condições arcaicas da condução da

---

110. AGAMBEN, G. *Mittel ohne Zweck*. Berlim, 2001, p. 99.

guerra, em que se pode misturar população civil e soldados, povo e seu governante criminoso (*sovrano-criminale*)"[111]. Na visão de Agamben, na Guerra do Golfo, o exercício do *US belli* toma a versão de uma operação policial, "na qual não há o dever de respeitar qualquer norma jurídica"[112]. Por causa de sua demonização do direito, que faz com que este coincida integralmente com a violência (*violenza*)[113], a filosofia política, segundo ele, quase não tem mais espaço de atuação. A "verdadeira" política é a do "vazio comunicativo" que expõe o *factum loquendi*, a verdadeira experiência da linguagem. O vazio comunicativo manifesta a comunicabilidade antes mesmo da transmissão. Aqui Agamben faz uma ligação do *factum loquendi* e do *factum pluralitatis* com a comunidade: "Porque os seres humanos têm de usar

---

111. Ibid., p. 100.

112. Ibid., p. 102. Essa afirmação vai totalmente contra o fato de que muitos soldados norte-americanos, por causa dos brutais delitos cometidos contra a população civil iraquiana, foram condenados à prisão perpétua.

113. Ibid., p. 108.

uma grande comunicabilidade [...] a política se abre como vazio comunicativo"[114].

A sociedade na qual viviam tanto Benjamin quanto Schmitt era uma *sociedade da negatividade*, marcada por guerras e por paradigmas *imunológicos* de amigo e inimigo. Agamben, ao contrário, vive numa sociedade *pós-imunológica*, que deixa atrás de si tanto a sociedade da soberania quanto a sociedade disciplinar. Apesar dessa mudança decisiva de paradigma, ele continua pensando a partir de figuras da negatividade, como estado de exceção ou extradição. Mas, infelizmente, essas figuras são projetadas na sociedade da positividade, que está se desfazendo cada vez mais

---

114. Ibid. É verdade que Agamben, como também Aristóteles, liga a linguagem à política. Mas na medida em que ela é reduzida à sua facticidade, fica privada justamente de sua dimensão política. Aristóteles não faz a dimensão política da linguagem remontar ao *factum loquandi*. Para ele, ao contrário, linguagem é *logos*. O ser humano capaz de linguagem é um ser dotado de razão (*zoon logon echon*). É precisamente essa proximidade essencial entre linguagem e *logos* que o torna um *zoon politikon*. Não é a *facticidade* do ser-e-estar-na-linguagem que forma a essência política da linguagem, mas a sua *logicidade*. À sua logicidade, o ser humano deve sua capacidade de distinguir entre direito e injustiça, entre o que é justo e o que é injusto.

da negatividade. Essa projeção cega Agamben para o problema da sociedade pós-imunológica; em meio à sociedade de desempenho ele descreve a sociedade da soberania. É nisso que reside o anacronismo de seu pensamento. A violência que ele pressente, condicionada por seu anacronismo, continua sendo uma violência da negatividade, que se apoia na *exclusão* e na *inibição*. É nisso que lhe escapa a compreensão da violência da positividade, a qual se expressa como *exaustão* e *inclusão*, e que é característica da sociedade de desempenho. Na medida em que ele se volta exclusivamente às formas de secularização dos formatos de negatividade que, nesse ínterim, atuam de forma arcaica, permanecem fechados para ele os *fenômenos extremos da positividade*. A violência de hoje nos toca muito mais a partir do *conformismo do consenso* do que do *antagonismo do dissenso*. Assim, contra Habermas, poderíamos falar de *violência do consenso*.

A crise da sociedade de hoje não reside no fato de que o estado de exceção se transformou em estado normal, como afirma Agamben – com isso, aquela esfera da soberania se amplia desmesuradamente, e já não se vê qualquer diferença entre direito e violência. Ela reside, antes, no fato de que já não é mais possível haver qualquer estado de exceção; tudo está sendo absorvido pela *imanência do igual*. O "inferno do igual"[115] produz formas específicas de violência, que se retraem da violência da negatividade.

Hoje, a própria política positiva-se num *trabalho*, sem qualquer chance de *um agir soberano*. O trabalho é positivo na medida em que ele jamais consegue se colocar em questão e se elevar para além das forças e coações às quais está submisso. A positividade do trabalho perpetua o estado de normalidade. Falta à política, enquanto trabalho, qualquer *horizonte transcendental* que remeta para além do *meramente possível*. A política se aconchega tranquilamente no espaço imanente do capital, que, nesse ínterim, absorve toda e qualquer transcendência, todo e qualquer exterior. Diante da positivação

---

115. BAUDRILLARD. *Transparenz des Bösen*. Op. cit., p. 131.

da política, também os partidos políticos ou as ideologias estão perdendo cada vez mais sua importância. O *vazio político* é preenchido com espetáculos de encenações midiáticas. Também os políticos se voltam e se inserem no espaço despolitizado do espetáculo. Não é sua *ação* política, mas sua *pessoa* que se torna objeto de encenação midiática.

Agamben está fascinado por figuras teológicas. Ele as vê retornar, secularizadas, na Modernidade. Assim, ele também acredita poder constatar a dimensão doxológica do domínio nos meios de comunicação atuais: "Quando os meios de comunicação desempenham uma função tão importante nas democracias modernas, [...] justamente porque eles administram e partilham o domínio, aquele aspecto aclamatório e doxológico do poder parece ter desaparecido da Modernidade"[116]. A democracia de hoje estaria "plenamente baseada no domínio", i. e., "naquele poder efetivo da acla-

---

116. AGAMBEN, G. *Herrschaft und Herrlichkeit* – Zur theologischen Genealogie von Ökonomie und Regierung. Frankfurt a. M., 2010, p. 12.

mação, multiplicado e difundido pelos *meios de comunicação*, e que supera toda e qualquer ideia"[117]. Contrariamente à hipótese de Agamben, os meios de comunicação de hoje habitam um espaço do espetáculo despolitizado, desteologizado. Quando muito, geram um *esplendor sem domínio*. Também a política, enquanto trabalho, avança sem qualquer domínio ou esplendor. *Para poder aparecer* ela se reveste do brilho midiático do espetáculo; ela escava um *vazio político* a partir de uma política do espetáculo, que não atua, não comunica e nada produz de essencial, mas apenas comunica a comunicabilidade. A política do espetáculo é uma *política do vazio comunicativo*. Assim, a fórmula utópica de Agamben – *comunicabilidade sem comunicação* – converte-se na *fórmula vazia da comunicação enquanto espetáculo*.

Já faz muito tempo que o domínio e o esplendor abandonaram o campo político, deslocando-se para o campo do capital. As propagandas representam a versão capitalista dos

---

117. Ibid., p. 305.

hinos e cânticos litúrgicos. Estrelas que elogiam os novos produtos são os anjos de hoje; os hinos de louvor capitalistas geram o esplendor e a glória. É o belo esplendor do domínio, aplicado e válido exclusivamente ao capital. *A aclamação* que se oferece ao domínio do capital se chama, agora, *consumo*.

# 5
# Macrológica da violência

A violência macrofísica se desenvolve nas relações de tensão entre *ego* e *alter*, entre amigo e inimigo, entre interior e exterior. Para ela, é constitutiva a *negatividade do outro*. Suas formas de atuação são infiltração, invasão e infecção. A violência se expressa, aqui, como uma violência de fora, que recai sobre mim, me sobrepuja e me rouba, assim, a liberdade. Ela penetra em meu interior sem meu consentimento. Mas nem toda influência vinda de fora é considerada violência. No momento em que lhe dou anuência e a incluo em minha ação, i. e., no momento em que construo uma *relação* com ela, já não é violência. Relaciono-me com ela *livremente*; confirmo-a como conteúdo de mim mesmo. Onde essa apropriação interiorizadora mostra ser absolutamente impossível eu a experimento como violência. Então, ela penetra no meu interior e o destrói. Se a violência for incorporada, apesar de não haver interiorização, ela forma uma introjeção e continua sendo exterior para mim.

A violência não acontece apenas no nível interpessoal. Nesse sentido, é importante *dar-lhe uma formalização* como relação de tensão negativa entre interior e exterior, para poder apreender e descrever suas formas macrofísicas que não podem ser fixadas no espaço intermediário conflitivo entre *ego* e *alter*. Dessa forma, a violência pode ser descrita como acontecimento que vige e impera, mas que não pode ser interiorizado. Ele expõe um interior a um exterior que se retira totalmente da estrutura interna de ordenação e sentido; ele se expressa como des-interiorização do interior pelo exterior. O exterior é formado tanto por um sistema de ordenação e de sentido *diferentes* quanto por forças que se contrapõem à ordem enquanto tal. Se o interior não consegue produzir uma continuidade com o exterior, ele se rompe pela irrupção do exterior. A violência é a fissura que não admite qualquer intermediação, reconciliação.

Enquanto o poder faz das relações hierárquicas um contínuo, a violência causa rachaduras e rupturas. O hiato como marca constante da estrutura da violência se distingue da hierarquia, que é constitutiva para o poder. A hierarquia é uma distinção, um desnível dentro de um contínuo, que em contraposição ao hiato cria relação e ligação. O poder sempre *se organiza* como articulação de poder. Ao contrário, a articulação de violência sempre é uma contradição, pois a violência promove a desarticulação. O que caracteriza o poder são as articulações e as disposições; ruptura e delito, ao contrário, definem a violência. Tanto o poder quanto a violência servem-se de uma técnica de subjugação, de "dobrar o outro". O poder faz uso desse expediente até que o outro se submeta; a violência o faz de tal modo que o outro "quebra".

A violência priva sua vítima de toda e qualquer possibilidade de ação; reduz seu espaço de ação a zero, aniquila-o. Também nisso ela se distingue do poder, que deixa espaço para a ação. Fundamentalmente, o poder não exclui ação e liberdade; ele faz uso da liberdade do outro, enquanto que a violência a destrói. O que é sujeitado ao poder pode, inclusive, *projetar-se* na vontade daquele que o detém. A obediência servil transforma minha vontade em sua vontade. Sim, é apenas minha vontade que permite o surgimento de sua vontade. Assim, não é a violência e a violação que fragilizam a liberdade do outro, mas a condução e a sedução.

Tanto a violência quanto o poder são estratégias para neutralizar a alteridade inquietante, a liberdade rebelde do outro. O poder do ego provoca a submissão do outro; ele renuncia sua alteridade inquietante e ameaçadora para o ego. Em virtude do poder, o ego *se* prolonga no outro. O poder, portanto, é a capacidade de transformar a relação com o outro em relação consigo, autorrelação, isto é, permanecer e demorar junto a si mesmo, apesar do outro. A continuidade do si-mesmo reduz a inquietação que provém da alteridade do outro. O poder é uma palavra relacional; é bem verdade que ele minimiza a alteridade do outro, mas não se desconecta totalmente dele. A alteridade, por sua vez, continua implicitamente referida no fazer do ego. Contrariamente ao poder, a violência não é uma palavra relacional, mas aniquila o outro.

Nem a violência nem o poder são capazes de promover o *deixar-ser-assim* o outro, mas são tentativas de neutralizar sua alteridade. Também ao amor falta a liberdade, a serenidade da entrega do outro. Ao definir o amor, Heidegger seguramente tem em mente um outro tipo de amor: "Muito provavelmente a mais profunda definição do que seja amor encontra-se nas palavras de Agostinho, quando afirma: *amo volo ut sis*; eu amo significa: eu quero que o amado seja o que é. Amor é o deixar-ser em sentido profundo, de tal modo que evoca a essência"[118]. O amor seria a "liberdade interior de um com o outro"[119]. A intenciona-

---

118. HEIDEGGER, M. *Reden und andere Zeugnisse eines Lebensweges 1910-1976*. Frankfurt a. M., 2000, p. 563 [Gesamtausgabe, vol. 16].

119. HEIDEGGER, M. *Briefwechsel mit E. Blochmann*. Marbach am Neckar, 1989, p. 23.

lidade do querer, do *volo*, dá a esse amor uma ambivalência e duplicidade de significado. Assim, Arendt expressa sua suspeita justificada: "*Volo ut sis* pode significar: eu quero que tu sejas como realmente és, que sejas teu próprio ser e essência. Isso não é amor, mas prepotência, que, com o pretexto de confirmar, acaba transformando o ser do outro em objeto da própria vontade"[120]. Essa leitura nos aproxima de uma outra formulação de Agostinho: "*Non enim amas in illo quod est; sed quod vis ut sit*" (Não amas no outro aquilo que ele é, mas aquilo que queres que ele seja)[121]. Não precisa ser exatamente a "prepotência" do eu quero que tu sejas como tu realmente és. Mas esse amor radica-se sobretudo na generosidade de um senhor e dono, possível unicamente em uma relação hierárquica, por exemplo: entre Deus e homem ou entre pai e filho. Por isso, não está totalmente livre do poder. O que o caracteriza é uma assimetria e uma verticalidade. Assim, escreve

---

120. ARENDT, H. *Denktagebuch*. Vol. 1. Munique/Zurique, 2002, p. 276 [Ed. de U. Ludz e I. Nordmann].

121. Cf. AGOSTINHO. *Epistolam Ioannis* – Tractatus, 8, 10.

Agostinho sobre o amor do pai ao filho: "*Puto quia, si amas filios tuos, vis illos esse; si autem illos non vis esse, no amas*" (Penso que, quando amas teus filhos, queres que eles sejam; quando queres que eles não sejam, não os amas)[122]. A intencionalidade do *volo* coloca o amor sob o regime-eu. Ela lhe retira a amistosidade generosa e serena com o outro, que é liberto para seu *assim*, precisamente onde o *volo* se retrai. A liberdade "mais íntima" para com o outro ainda não é a liberdade exterior, que só poderia ser alcançada na amistosidade. Tanto o amor quanto a amizade ainda estão sob o regime-eu. Assim, segundo Aristóteles, amigo é um "segundo si-mesmo" (*allos autos*)[123]. A "suprema medida da amizade", segundo Aristóteles, equipara-se ao amor "que se tem por si mesmo"[124]. Também a amizade não transcende o regime-eu, ao qual estão submissos tanto à violência quanto ao amor. É assim que Aquiles diz a Pentesileia: "É

---

122. AGOSTINHO. *Sermo Lambot*, 27, 3.
123. ARISTÓTELES. *Ética a Nicômaco*, 1.166a, 29-32.
124. Ibid., 1.166b, 1-2.

bem verdade que, pelo poder do amor, eu sou teu. / E para sempre vou continuar a carregar comigo esse vínculo, / mas pela sorte das armas tu me pertences / quando nos encontramos em batalha, nobre rainha, / és tu que estás prostrada aos meus pés, e não eu"[125].

O poder é um meio de ação; atua como canal de passagem que conduz ou acelera a ação. As ações são aceleradas porque aquele que está submisso ao poder assume e executa irrevogavelmente as decisões tomadas por quem o detém. Por sua vez, a violência não é um meio de ação; é possível que ela seja empregada como instrumento para alcançar determinado objetivo sem o uso de qualquer subterfúgio, mas, em princípio, não se trata de ação com o objetivo de governar ou influenciar. Já o poder, que é um meio de ação, pode ser empregado de forma construtiva, ao contrário da violência, que em si é destrutiva. Ela só é produtiva ou promotora quando é exercida com a deliberação de se tornar poder, com a intenção de

---

125. KLEIST, H. *Penthesilea*, 15ª cena.

estabelecê-lo. Aqui, a relação recíproca entre violência e poder é de meio e fim. A violência que se volta contra o *ser* do outro não tem meta relacional, esgotando-se no aniquilamento. Um poder absolutamente destrutivo é uma contradição, pois seu núcleo sempre é construtivo. O poder *trabalha*, organiza e elabora para si um espaço de atuação na medida em que produz normas, estruturas e instituições; na medida em que se inscreve em uma ordem simbólica. Em contraposição ao poder, a violência não *trabalha*; seu traço essencial não é o de organizar ou administrar. É por isso que ela é *destrutiva*. Nietzsche reconheceu muito bem a intencionalidade específica do poder, que o distingue da violência: "O sentimento de poder é conquistador, depois dominante (organizador) – regula o que foi suplantado para *sua conservação, e para isso preserva aquilo mesmo que foi suplantado*"[126]. Primordialmente, o poder não é destrutivo nem devastador; ao contrário, sua atuação é de "organização", isto é,

---

126. NIETZSCHE, F. *Nachlass Frühjahr-Herbst 1881* – Kritische Gesamtausgabe, seção V, vol. 2, p. 448.

coligar e intermediar. Distribui os que estão submetidos a ele em um espaço organizado de acordo com sua estrutura, estabilizando e tornando duradouro seu domínio.

A resistência massiva contra o detentor do poder atesta a falta dele; justamente por carecer de poder apela para a violência. A utilização da violência seria a tentativa desesperada de converter a impotência em poder. O detentor de poder que realmente é poderoso não deve essa capacidade à violência. Fazendo uso dela pode-se forçar o poder, mas nesse caso ele é frágil; irrompe facilmente, quiçá em virtude da fissura provocada pela violência. É um erro supor que o poder resida na violência, pois ela tem uma intencionalidade oposta. Assim, é perfeitamente possível imaginar um acontecimento violento sem estar relacionado ao poder. Por exemplo, o assassinato motivado pelo ódio é uma violência que se esgota na vontade de aniquilar o ser do outro; não se busca alcançar domínio sobre ele. Se considerarmos a violência apenas a partir do poder não será possível reconhecer sua essência, e se tomarmos o poder apenas sob a perspectiva da violência não poderemos perceber sua intencionalidade específica.

O poder é uma *relação* que estabelece a união entre *ego* e *alter*, eu e outro. A atuação do poder é simbólica, isto é, cria referência e confluência (*sym-ballein*)[127]. Mas ele também pode assumir uma forma diabólica. Essa diabolização torna-o repressivo e destrutivo, separador e excludente. Se considerarmos o poder apenas em seu aspecto diabólico não conseguiremos perceber sua simbologia, que é perfeitamente produtiva. A violência, ao contrário, não é um meio simbólico; em sua essência ela é diabólica, isto é, divisora (*dia--ballein*). Em virtude de sua configuração o poder pode gerar inúmeros símbolos de força persuasiva e de eloquência. Pela sua diaboli-

---

127. Cf. LUHMANN, N. *Die Wirtschaft der Gesellschaft*. Frankfurt a. M., 1988, p. 257: "Os símbolos unem o que estava separado, e quiçá de tal modo que a mútua pertença pode ser reconhecida de ambos os lados, sem que se dê uma fusão, uma suspensão das diferenças". Visto a partir desse ponto de vista, não só o dinheiro, mas também o poder, é um meio simbólico. Mas, como observa Luhmann, com o *symbolon* está posto igualmente o *diabolon*.

cidade, ao contrário, a violência é pobre em simbologia, em linguagem.

O aumento de poder é o aumento de espaço, a vitória em uma guerra leva a um ganho de espaço, sendo que o reino é uma manifestação de poder; seu alcance tem a dimensão do poder. O aumento de espaço não se dá apenas no nível territorial, mas também no nível (inter)pessoal. O detentor de poder *cresce em torno* daquele que é submisso ao poder na medida em que se prolonga neste. O corpo astral do detentor do poder tem a dimensão de sua influência. Ele é coextensivo àquele espaço que domina, ou seja, que toma posse *com ele próprio*. Essa topologia do poder explica as razões por que sua total perda pelo seu detentor é experimentada como perda de espaço; o corpo do detentor de poder, que era tão grande quanto seu âmbito e alcance, recrudesce, limitando-se a seu pequeno corpo mortal.

Em contraposição ao poder, com seu caráter espacializador, a violência destrói o espaço e deixa atrás de si o *vazio*; ela tem um efeito esvaziador e desinteriorizador. O poder, ao contrário, se expressa como um fato que interioriza e densifica. Espaços de poder também são espaços de linguagem. Assim, estão plenos de símbolos, sinais e significados. Quem quiser destruir um espaço de poder, um corpo de poder, tem de desnudá-lo e privá-lo especialmente de sua linguagem. Assim, no *Erec*, de Hartmann von Aue, o cavaleiro Cadoc, preso, que incorpora a ordem do poder e de domínio cortês, é despido e esfolado. O poder é um princípio de formas; a violência as destrói. O poder instaura uma determinada ordem, estabelecendo distinções e limites; a violência *elimina* limites. O poder institui a medida; a violência é sem medida. Assim, é *violento* tudo o que ultrapassa a medida instituída.

A violência sempre é aplicada àquele que detém interioridade. Nesse sentido, estilhaçar uma pedra não se constitui violência. Não são somente as pessoas que possuem interioridade, mas também comunidades ou sistemas, sendo que sua característica é tender para si, gerando o ipsocentrismo. Pelo fato de causar desajuste a essa interioridade é que a violência é horrenda, causando desconcerto. Em contraposição a ela, o poder não é horrendo, pois é positivo. Continuidade, interioridade e colocação definem a dinâmica do poder. Des-continuidade, des-interiorização e des-concerto, ao contrário, são marcas estruturais e constantes da violência. Tanto a violência macrofísica quanto o poder são um fenômeno da negatividade. Por isso, a tensão antagônica entre interior e exterior, entre próprio e estranho.

No processo de positivação da sociedade o poder, enquanto meio socioimunológico, vai perdendo sempre mais sua importância. Aquele poder próprio da soberania, que se expressava como violência mortífera, como violência da decapitação, pertence a um passado muito distante. Tanto as organizações políticas quanto as econômicas estão desconstruindo cada vez mais as estruturas hierárquicas. O poder já não representa um *medium* central da política. O agir político vai se desteorizando, desdramatizando e desideologizando cada vez mais num múltiplo economizar, assumido por especialistas e comissões. A crescente positivação da sociedade também vai transformando aquele tipo de violência, tanto física quanto psíquica, em algo deplorável. Mas isso não significa o fim da violência, pois ela não parte apenas da negatividade do outro, mas também do excesso de positividade. A violência da positividade não é apenas privativa, mas saturativa; não é apenas executiva, mas também exaustiva. Ela não se baseia na exclusão, mas na exorbitância; não se expressa como repressão, mas como depressão.

Infiltração, invasão e infecção são as formas de operação da violência macrofísica. Todas elas pressupõem uma separação clara, imunologicamente efetiva do próprio e do estranho. Em virtude da falta de negatividade a violência microfísica demonstra uma forma topológica e patológica totalmente diferente; no lugar da infecção entra o infarto. A violência macrofísica manifesta-se como expressiva, explosiva, explícita, impulsiva e invasiva. A violência microfísica, ao contrário, de modo implícito e implosivo.

A violência macrofísica des-interioriza o sujeito, penetrando em seu interior e aniquilando-o. O exterior destrói o interior. A violência microfísica, ao contrário, des-interioriza o sujeito, dispersando-o pelo excesso de positividade. Enfermidades psíquicas como o DDA (Distúrbio do Déficit de Atenção) ou Tdah (Transtorno de Déficit de Atenção e Hiperatividade) seriam consequências dessa *dispersão* destrutiva. Destruição e dispersão não são a mesma coisa. À dispersão falta a negatividade do *outro*; ela remonta ao excesso de *igual*. As coisas que atuam destrutivamente são acontecimentos *intramundanos, imanentes*, que se impõem à percepção. Ao contrário da violência macrofísica, que é disjuntiva e exclusiva, a violência microfísica é aditiva e inclusiva. Ademais, a violência macrofísica destrói toda e qualquer possibilidade de ação e atividade. Sua vítima é lançada à passividade radical. A destrutividade da violência microfísica, ao contrário, surge do excesso de atividade, que se expressa como hiperatividade.

A macrológica da violência segue o modelo imunológico. A violência provém do *outro* imunológico que penetra no próprio, negando-o. Assim, o próprio sucumbe à negatividade do outro, quando, por seu lado, não consegue negá-lo. A defesa imunológica se realiza como negação da negação; o próprio se afirma diante do outro, negando a negatividade dele. A negação da negação, como fórmula imunológica, gera a liberdade. Mas a sociedade de hoje não tem um cunho imunológico; o outro não consegue produzir esse tipo de tensão negativa, perdendo o vigor existencial que desencadeia uma reação imunológica virulenta. O inimigo, que, segundo Schmitt, seria simplesmente o outro, positiva-se, transformando-se hoje em concorrente. Toda e qualquer reação imunológica é uma reação diante da alteridade. O mote de Sartre *L'enfer c'est les autres* só pode ser imaginado em uma era imunológica. Atualmente a alteridade cede sempre mais espaço à diferença consumista, que não gera reação imunológica alguma. Falta-lhe o aguilhão da estranheza, que poderia provocar o surgimento de um forte sistema de defesa imunológico. Também o estranho se positiva em um outro *exótico*, que, em contraposição ao outro imunológico, não desencadeia qualquer tipo de reação imunológica. Em oposição à macrológica da violência, a micrológica não segue o modelo imunológico; a micrológica da violência é uma *lógica do igual*.

A promiscuidade total da sociedade atual e a falta de um outro imunológico condicionam-se mutuamente. *Promiscuus* significa misturado; a promiscuidade pressupõe a falta de reação imunológica diante do outro. Também o hibridismo, que caracteriza o sentimento geral da vida moderna, é diametralmente oposto à imunidade; a hiperestesia imunológica não admite qualquer hibridismo. A globalização força a deposição do umbral imunológico, uma vez que uma forte reação imunológica diante do outro poderia bloquear esse processo de globalização, que é um *excesso* de desbloqueio e de supressão de barreiras. Nesse sentido, a violência da positividade se desenvolve no espaço livre de negatividades do igual. A falta de negatividade faz surgir uma *proliferação descontrolada do positivo*, que, em virtude de sua imanência, não se depara com qualquer tipo de resistência imunológica. Ela é um *terror do igual*.

# Segunda parte
# Microfísica da violência

# 1
# Violência sistêmica

A *situação* geradora de violência muitas vezes está no *sistema*, no arcabouço sistêmico no qual está inserido. Assim, as formas de violência manifestas e expressas se referem às estruturas implícitas que estabelecem e estabilizam uma ordem de domínio, e que, como tais, eximem-se de visibilidade. Também na base da teoria de Galtung, "violência estrutural", encontramos a hipótese de uma medianidade estrutural da violência. As estruturas edificadas e implícitas no sistema social fazem com que persistam os estados de injustiça; estabelecem e descrevem as relações de poder desiguais, sem se revelarem como tais[1].

---

1. GALTUNG, J. *Strukturelle Gewalt, Beiträge zur Friedens- und Konfliktforschung*. Reinbek, 1975, p. 12.

Em virtude de sua invisibilidade, as vítimas da violência não têm consciência direta do contexto de domínio. E isso é que caracteriza sua eficiência.

Como fundamento de suas reflexões, Galtung conceitua a violência de modo bastante amplo: "Acontece violência sempre que as pessoas são influenciadas de tal modo, que sua realização somática e espiritual atuais são menores do que sua realização potencial"[2]. Assim, a negatividade da subtração, que impede uma distribuição justa dos recursos e oportunidades, é essencial para a violência estrutural. Esse conceito de violência é muito genérico, de modo que não contempla o que a caracteriza, isto é, o que a distingue de outras situações sociais ou estados negativos. Por exemplo, o fato de que as crianças de classes de trabalhadores têm menos oportunidades de formação do que as crianças de classes mais elevadas, isso não constitui violência, mas injustiça. Se a violência abarcar toda e qualquer

---

2. Ibid., p. 9.

negatividade social, seu perfil conceitual único acaba se perdendo completamente.

Mas, acima de tudo, o conceito de violência de Galtung não diferencia poder e violência; ele reduz a violência a hierarquias e ordenações graduais que fundamentam as relações de poder e de domínio. Os oprimidos seriam "desprovidos de poder" porque a estrutura lhes rouba as chances de se organizarem e de exercê-lo, confrontando-os contra os *topdogs* (cães superiores)[3]; não são as estruturas sociais as responsáveis pelo surgimento de resistências. Nesse contexto deve-se afirmar que o domínio também é exercido *sem violência*; a violência estrutural não é uma violência em sentido estrito, mas uma técnica de domínio. Ela possibilita um domínio discreto, muito mais eficiente do que o domínio da violência.

Também a "violência simbólica" de Bourdieu é inerente ao próprio sistema social. Ela se inscreve no modelo de percepção e de comportamento habituado, que aceita sem ques-

---

3. Ibid., p. 22.

tionar e vai repetindo o que percebeu. As pessoas afirmam e fazem avançar as relações de dominação enquanto *impessoalmente* praticam atos usuais, costumeiros. A *cotidianidade* já é uma afirmação das relações de dominação vigentes. Assim, sem o *emprego* de qualquer tipo *de violência física* a violência simbólica se encarrega de que o *status quo* da dominação se mantenha intacto. O *sim* dito à dominação não ocorre, aqui, de forma consciente, mas de forma reflexa e pré-reflexiva; a violência simbólica faz coincidir a compreensão do que *é* – em seu entendimento e acordo – com aquilo que *domina*. Ela solidifica as relações de dominação de forma muito efetiva, porque faz com que apareçam quase como *natureza*, como um fato, como um "é assim mesmo", que não é questionado por ninguém.

Também Bourdieu não faz distinção entre poder e violência. Esses conceitos são utilizados quase como sinônimos: "Todo poder tem uma dimensão simbólica; ele precisa receber uma espécie de confirmação da parte dos dominados. Uma confirmação que não se radica na decisão deliberada de uma consciência esclarecida, mas na submissão direta e pré-reflexiva de corpos socializados"[4]. Apesar da proximidade dos conceitos de poder e violência, entre eles existe uma diferença estrutural. É justamente a dimensão simbólica do poder que faz a dominação ser exercida também *sem o uso da violência*. Quanto mais confirmação pré-reflexiva produzir simbolicamente a dominação, menos precisará de violência explícita. Mas, ao contrário, se estiver desprovida dessa mediação simbólica – que a transforma em hábito e dispositivo automático –, necessitará da violência e da coerção para se manter.

Tanto a violência estrutural quanto a violência simbólica necessitam da relação de dominação, das relações de classe antagônicas e hierárquicas. Elas são exercidas pelas classes dominantes sobre as dominadas, pelos detentores do poder sobre os que estão submetidos a ele,

---

4. BOURDIEU, P. Die männliche Herrschaft. In: DÖLLING, I. et al. (eds.). *Ein alltägliches Spiel* – Geschlechterkonstruktion in der sozialen Praxis. Frankfurt a. M., 1997, p. 153-217; aqui, p. 165.

pelos *topdogs* (cães superiores) sobre os *underdogs* (cães inferiores). Aqui, algoz e vítima são claramente distintos. Ocorre um tipo estranho de exploração; ela transforma a violência simbólico-estrutural em violência da negatividade, sendo que suas vítimas são expostas à coação *externa*. Apesar de ser internalizada, essa coação continua sendo uma *coação estranha*.

Também aquilo que Žižek chama de "violência objetiva" quase não se distingue da violência simbólico-estrutural. O próprio Žižek fala de "violência simbólico-social", que converte a ideologia em um dado *natural*, o qual costumamos confirmar mesmo antes de qualquer decisão deliberada: "O mesmo se aplica à violência. A violência simbólico-social aparece na forma pura como seu contrário, como a espontaneidade do meio em que vivemos, como o ar que respiramos"[5]. Ela gera "as formas sutis da coerção, que conservam a vigência das relações de dominação e de exploração"[6].

---

5. ŽIŽEK, S. *Gewalt* – Sechs abseitige Reflexionen. Hamburgo, 2011, p. 388.

6. Ibid., p. 17.

Trata-se de uma violência imanente-sistêmica, instaurada antes do ato violento, mas, enquanto tal, subtrai-se à visibilidade. É uma violência da negatividade na medida em que é exercida pela classe dominante sobre a classe dominada. É inerente, por exemplo, "às condições sociais do capitalismo global" e acaba produzindo "indivíduos excluídos e dispensáveis, sem teto e sem emprego"[7]. Segundo Žižek, os *homines sacri*, de Agamben, representam as vítimas dessa violência imanente ao sistema. Diante da irrupção da violência em Nova Orleans, ele escreve: "O policial global USA, que afronta o mundo inteiro com ameaças à paz, liberdade e democracia, perdeu o controle sobre boa parte de seu próprio país. Por alguns dias, Nova Orleans voltou a se tornar uma selva, onde se podiam ver saques, assassinatos e violências de toda ordem. Ela se transformou em uma cidade de mortos e de moribundos, uma zona mortuária pós-apocalíptica, habitada por aqueles personagens que

---

7. Ibid., p. 21.

o filósofo Giorgio Agamben chama de *homines sacri* – pessoas totalmente excluídas da ordem civilizatória"[8].

Em sua teoria da violência Žižek se mantém orientado pelo modelo da negatividade. Assim, ele erige um muro de exclusão e segregação: "Abre-se um fosso fundamental entre aqueles que se encontram no interior de uma esfera de (relativo) bem-estar econômico e aqueles que permanecem excluídos dessa esfera"[9]. As vítimas dessa violência não são apenas os *homines sacri*, que se encontram fora da zona de bem-estar e que amargam uma existência desprovida de bens, mas também determinados grupos da sociedade, como é o caso das minorias e dos desempregados. O sistema social ocidental gera, segundo Žižek, uma "enorme pressão" que obrigaria "nossas mulheres liberais a adotarem procedimentos de operações estético-cirúrgicas, fazerem implantes cosméticos ou injeções de botox para

---

8. Ibid., p. 86.

9. Ibid., p. 93.

continuarem competitivas no mercado do livre-comércio sexual"[10]. Assim, a sociedade ocidental, na qual mulheres se submetem *livremente* à tortura de operações estéticas, não se distinguiria muito daquela sociedade africana que submete as mulheres à amputação dolorosa do clitóris.

Nesse sentido e segundo Žižek, a "violência objetiva" seria a responsável por manter vigentes as relações de dominação e de exploração, que é estranha. Žižek não apreende, nessa instância, a *violência sistêmica*, que acontece *sem dominação*, que leva à *autoexploração*, uma violência que atinge não apenas uma parte da sociedade, mas sua totalidade. A *sociedade de desempenho* ocidental gera, por exemplo, uma coerção que submete não apenas mulheres e a classe desempregada, mas *todos* os membros da sociedade. Em contraposição à suposição de Žižek, não são apenas as mulheres que se submetem a operações estéticas hoje, mas também homens, para poderem se

---

10. Ibid., p. 131.

manter competitivos no mercado. A coerção para a otimização do corpo atinge a *todos*, indistintamente. Essa coerção não produz apenas zumbis do botox, do silicone e da estética, mas também zumbis dos músculos, dos anabolizantes e do *fitness*. A sociedade de desempenho, enquanto sociedade de *doping*, não estabelece diferença alguma entre classes e sexo. Tanto os *topdogs* quanto os *underdogs* são atingidos do mesmo modo pela ditadura do desempenho e da otimização. *Todos* os membros da sociedade acabam sendo atingidos pelo *burnout*; parece que nos transformamos em zumbis do desempenho e da saúde, sendo que as vítimas dessa violência sistêmica não são apenas os *homines sacri*, enquanto excluídos, mas inclusive o sujeito de desempenho *incluído* no sistema, enquanto soberano, empreendedor de si mesmo, que não está submisso a ninguém e que, nesse sentido, é livre e, ao mesmo tempo, *homo sacer* de si mesmo. A violência sistêmica não é uma violência da exclusão. Ao contrário, ela transforma todos em *incluídos*, sim; como presidiários do sistema, obrigando-os a se autoexplorarem.

Tanto a "violência simbólica" de Bourdieu quanto a "violência estrutural" de Galtung distinguem-se da *violência sistêmica* que atinge indistintamente *todos* os membros de um sistema social, transformando-os em vítimas que, assim, não necessitam de qualquer *antagonismo* entre as classes, de uma relação hierárquica de cima ou de baixo para seu desenvolvimento. Isso acontece sem a ocorrência de inimizade ou dominação. Seu sujeito sustentador não é uma personalidade que detém o poder nem uma classe dominante, mas o *próprio sistema*. Desse modo, não é possível encontrar o *sujeito de ação* responsável pela opressão e pela exploração.

À *violência sistêmica*, enquanto *violência da positividade*, falta a negatividade do impedimento, da recusa, da proibição, da exclusão e da subtração. Ela se manifesta como exagero e desproporção, como excesso, exuberância e exaustão, como superprodução, superacumulação, supercomunicação e superinformação. E em virtude de sua positividade não é percebida como violência. Não é só um *muito pouco* que leva à violência, mas também um *muito exagera-*

*do*; não apenas a *negatividade do não-ter-o-direito-de*, mas também a *positividade do tudo-poder*.

Hoje, via de regra, à demasia do igual, ao exagero de positividade reage-se cada vez mais através da ab-reação psíquica, ocasionando a *bulimia psíquica*. Não se trata de uma resposta *imunológica* à negatividade, uma vez que o sistema imunológico não responde à demasia do igual. Por isso, a violência da positividade é provavelmente muito mais danosa do que a violência da negatividade. Os crescentes distúrbios neuronais, como depressão e *burnout*, são um sinal convincente de recusa e de negação daquilo que *impera e domina*. Aqui desaparece também a distinção entre explorados e exploradores; não são apenas os *underdogs* que sofrem com o *burnout*, mas também os *topdogs*. A vítima é, ao mesmo tempo, a cúmplice do sistema. Não é possível distingui-la do agressor, que é responsável pelo funcionamento do sistema. A violência torna-se autorreferente no sentido de que a pessoa é quem explora a si mesma; ela se torna agressora e vítima ao mesmo tempo.

# 2
# Microfísica da violência

A tese central da Teoria do Poder de Foucault diz: desde o século XVII o poder já não se manifesta como poder de morte do soberano, mas como poder disciplinar e biopoder. O poder do soberano, enquanto poder da espada, ameaça com a morte. Ele tem seu ponto alto no "direito prévio de apoderar-se da vida para aniquilá-la"[11]. O poder disciplinar, ao contrário, trabalha no "incitamento, fortalecimento, controle, supervisão, elevação e organização das forças subalternas". Seu objetivo é "evocar forças, fazê-las crescer e ordená-las, em vez de impedi-las, domá-las e aniquilá-las"[12]. Não é

---

11. FOUCAULT, M. *Der Wille zum Wissen* – Sexualität und Wahrheit I. Frankfurt a. M., 1977, p. 162.

12. Ibid., p. 163.

um poder de morte do soberano, mas um poder de vida, cuja "função suprema já não é matar, mas a plena e total imposição da vida"[13]. O velho poderio da morte, no qual se manifestava a soberania, deu lugar à "cuidadosa administração dos corpos" e ao "planejamento calculista da vida"[14]. Em vez de martirizá-lo, o poder disciplinar insere o corpo em sistema de ordens e proibições.

Faltam ao poder de soberania aquelas investidas finas do poder disciplinar que penetram até as últimas fímbrias do corpo e da alma. A "microfísica do poder" de Foucault descreve os processos de poder que preferem produzir normas e costumes em lugar de dor e morte, e tem mais predileção em "qualificar, medir, avaliar, classificar do que em manifestar-se em rupturas"[15]. Ela "direciona os sujeitos na norma, ordenando-os em torno dela". É um poder normalizador que se oculta

---

13. Ibid., p. 166.
14. Ibid., p. 167.
15. Ibid., p. 172.

enquanto tal e que se manifesta como sociedade; a sociedade da normalização é o "efeito histórico de uma tecnologia de poder voltada à vida". Essa tecnologia do poder descobre a "população" e se manifesta como "biopoder"; a duração da vida, a longevidade, com todas as suas condições variantes, tornaram-se objeto de medidas operacionais e de *controles reguladores*: "*biopolítica da população*"[16].

O sujeito do poder de morte está claramente definido; trata-se do soberano semelhante a um deus. Mas *quem* é o *sujeito* do poder disciplinar e do biopoder? *Quem* é o seu agente? Será que o poder de vida ou o biopoder é, como tal, um *poder em sentido autêntico*? A industrialização[17] galopante torna necessário, seguramente, disciplinar tanto o corpo quanto a alma, adaptando-os às condições da produção mecânica e industrial. Mas essa técnica disciplinar que abarca todo o âmbito de vida

---

16. Ibid., p. 166.

17. A palavra inglesa *industry* significa assiduidade ou laboriosidade. Chamam-se de *Industrial school* as instalações de melhoria.

não coincide com a técnica de poder e de dominação. Na verdade, Foucault não descreve qualquer nova *forma de poder*, mas uma nova *forma de sociedade*; a saber: a sociedade disciplinar, que, enquanto tal, não representa forma alguma de poder e de dominação. Assim, o poder soberano e a técnica disciplinar não admitem qualquer comparação direta com a economia do poder. A técnica disciplinar não é uma expressão imediata do poder e da dominação, mas uma práxis social geral. Desse modo, não são apenas os submetidos ao poder que estão sob a coação da sociedade disciplinar, mas também todos os membros, todas as classes da sociedade, tanto o senhor quanto o escravo. Também a biopolítica, enquanto tal, não é uma política de poder. Nem a "concordância da acumulação humana em relação à acumulação de capital" nem a "adequação do crescimento populacional à expansão das forças de produção"[18] são práticas genuínas do poder e da dominação.

---

18. FOUCAULT. *Der Wille zum Wissen*. Op. cit., p. 168.

Na Modernidade ocorre a difusão ou dispersão do poder, em crescente *despotenciação*[19]. Isso leva Foucault a definir o poder mesmo "não subjetivamente", isto é, puramente estrutural, como uma "multiplicidade de relações de força" que "povoam e organizam uma região"[20]. Tal multiplicidade busca pensar o poder sem um "sistema geral de dominação", que é conservado e mantido por um grupo contra os outros e que, em divisões sucessivas, interpenetra todo o corpo social"[21]. Mas é totalmente impossível pensar o poder fora de toda e qualquer relação de dominação, de toda e qualquer ordem hierárquica social. Ademais, ele pressupõe necessariamente uma *subjetividade*, uma intencionalidade subjetiva. É nisso que ele se distingue da força ou das relações de força. O que Foucault tem em mente é segura-

---

19. O fato de que agora o povo aparece como soberano não significa mudança de poder, mas sua despotenciação, cujo traço fundamental é a hierarquia. Uma comunicação democrática que se orienta pelo consenso não pode ser considerada comunicação de poder.

20. FOUCAULT. *Der Wille zum Wissen*. Op. cit., p. 113.

21. Ibid.

mente uma relação de poder de-subjetivada: "as relações de poder são ao mesmo tempo intencionais e não subjetivas"[22]. A intencionalidade não subjetiva é uma contradição. Só bem mais tarde Foucault percebeu a debilidade de seu conceito de poder puramente estruturalista, reconduzindo a subjetividade à relação de poder: "Só existe poder exercido de um sobre o 'outro'. Só existe poder *in actu*, mesmo que se apoie em estruturas permanentes para se inscrever em um campo disperso de possibilidades"[23]. O poder estabelece estruturas firmes para se estabilizar ou para se fixar em um campo disperso de possibilidades. Mas ele não se esgota nelas; elas só formam um meio.

Foucault aponta que as guerras jamais foram tão sangrentas do que a partir do século XIX. A espantosa violência mortal teria se expandido para além de todos os limites com

---

22. Ibid., p. 116.

23. FOUCAULT, M. Das Subjekt und die Macht. In: *Jenseits von Strukturalismus und Hermeneutik*. Weinheim, 1994, p. 241-261; aqui, p. 254 [Ed. de Hubert L. Dreyfus e Paul Rabinow].

tamanho elã e cinismo "porque ela representa apenas o complemento de um 'poder de vida' positivo, que toma a vida pela mão para elevá-la e multiplicá-la, para controlá-la até os mínimos detalhes e regulá-la no seu conjunto"[24]. Atualmente as guerras seriam realizadas não mais em nome do soberano, a quem se deve defender, mas "em nome da existência de todos", i. e., de toda a "população" (*population*) ou dos "habitantes" (*habitants*): "precisamente como administrador da vida e da sobrevivência, dos corpos e da raça, tantos governos mandaram matar tantos seres humanos em tantas guerras. [...] O princípio 'matar para viver', no qual se apoia a tática das lutas, tornou-se princípio da estratégia entre estados; já não se está em jogo a existência jurídica da soberania, mas a existência biológica de uma população"[25]. As lutas exercidas em nome de uma "nação" ou de um "povo", "em nome da existência de todos", liberam muito mais violência mortal do que as

---

24. FOUCAULT, M. *Der Wille zum Wissen*. Op. cit., p. 163.

25. Ibid., p. 163s.

guerras feitas em nome de um soberano. Mas essa violência mortal voltada contra *outras* nações não é inerente àquele poder vital *positivo*", cujo *telos* é precisamente a "imposição completa da vida".

A Foucault falta sensibilidade para compreender a violência. Assim, ele também leva em consideração[26] a tortura apenas como pro-

---

26. Foucault concebe a tortura primariamente como um acontecimento de verdade. Ela é propriamente uma "luta dupla" (FOUCAULT, M. *Überwachen und Strafen*. Frankfurt a. M., 1976, p. 56 [*Vigiar e punir*. Petrópolis: Vozes, 1987]) entre o torturador e a vítima, executada em vista da verdade. Segundo Foucault, a tortura, "apesar de ser cruel, não é desmesurada". É uma práxis regulada "que apresenta um procedimento definido com precisão". Foucault analisa com bastante diligência a burocracia do martírio, a organização e a administração da tortura, em relação à qual ele passa completamente ao largo e não percebe o aspecto da violência: "Momentos, duração, instrumentos, comprimento do açoite, dimensão dos pesos, número de cravos, investidas do encarregado do interrogatório – tudo isso é cuidadosamente codificado no direito consuetudinal particular" (p. 54s.). Foucault dirige sua atenção exclusivamente ao rigor da administração e da burocracia, que, segundo ele, caracteriza a moderna tecnologia do poder. O torturador torna-se um burocrata da dor, que exerce seu ofício a serviço e em nome da verdade. Na realidade, o torturador segue mais a economia do prazer do que a economia da verdade. Em última instância, também não está em questão a confissão. A própria linguagem, esvaziada de

dução da verdade, e não observa a economia inerente à violência e ao prazer. Ele também retira a violência que está na base do suicídio. De igual modo aponta que o suicídio, que "outrora era um delito porque tomava para si o direito sobre vida e morte, disponível apenas ao soberano [...]", em uma "sociedade na qual o poder político assumiu a regência da vida" chega ao campo da análise sociológica. Nesse sentido, ele concebe o suicídio como um acontecimento natural, "regular e constante", o qual, portanto, não merece atenção específica alguma[27]. Por isso, ele também não se ocupa tanto com esse incremento repentino da violência contra si mesmo na assim chamada sociedade disciplinar. Foucault reporta-se precisamente a estruturas de violência a ela imanentes, que ele não percebeu.

Na introdução ao *Homo sacer* Agamben diz "que Foucault jamais deslocou suas investigações para o campo da biopolítica mo-

---

qualquer função comunicativa, muitas vezes é empregada como um bastão para golpear.

27. Cf. FOUCAULT. *Der Wille zum Wissen*. Op. cit., p. 166.

derna; para o campo de concentração e para a estrutura dos grandes estados totalitários do século XX"[28]. A morte impediu Foucault de desenvolver todas as implicações do conceito de biopolítica e de apontar a direção para onde ele poderia ter aprofundado sua investigação. Agamben não chega a perceber que a Teoria da Biopolítica de Foucault está de tal modo assentada, que não *pode* compreender a violência mortal do campo (de concentração). Escapa-lhe por entre os dedos a *distinção entre prisão e campo* (de concentração). A prisão é um elemento constitutivo, um *lugar* da sociedade disciplinar. O campo (de concentração), ao contrário, é um *lugar afastado\**. A biopolítica de Foucault, que visa a "regência cuidadosa dos corpos" e o "planejamento calculista da vida", não tem acesso ao campo (de concentra-

---

28. AGAMBEN, G. *Homo sacer* – Die Souveränität der Macht und das nackte Leben. Frankfurt a. M., 2002, p. 14.

\* *Ort* significa lugar. *Ab-ort* seria não lugar, lugar afastado, quase que como o último lugar, o lugar mais afastado em um campo de referência; usualmente é usado para expressar latrina, WC, banheiro etc. Há, aqui, um jogo de palavras do autor [N.T.].

ção) enquanto lugar mais afastado. A violência mortal do campo (de concentração) é contrária à economia biopolítica que reside na "total imposição da vida".

O *Vigiar e punir* de Foucault termina com as seguintes palavras: "Nessa humanidade central e centralizada, efeito e instrumento de relações de poder complexas, corpos e forças são submetidos através de diversas e variadas instalações de 'encarceramento' e são objetivados para discursos que são eles próprios elementos da estratégia. Nessa humanidade não podemos deixar de ouvir o estrondo de trovão da batalha"[29]. A sociedade disciplinar de Foucault, composta de presídios, hospitais, casas de recuperação, hospícios e fábricas não reflete a sociedade de hoje. No lugar dela surgiu, há muito tempo, uma sociedade de prédios burocráticos envidraçados, *shoppings centers*, academias de *fitness*, centros de ioga e clínicas estéticas. A sociedade do século XXI não é uma sociedade disciplinar, mas uma socie-

---

29. FOUCAULT. *Überwachen und Strafen*. Op. cit., p. 397.

dade de desempenho. Hoje em dia, os altos muros da sociedade disciplinar soam arcaicos; fazem parte de uma sociedade da negatividade, determinada por ordens e proibições.

O sujeito da obediência está submetido a uma instância de dominação que o explora. O "esgotamento", que, segundo Foucault, pertence ao poder de soberania, é uma exploração alheia. Contrariamente ao sujeito de obediência, o sujeito de desempenho é livre, pois não está submetido a ninguém. O que perfaz sua constituição psíquica não é o *dever*, mas o *poder*. Ele tem de ser senhor de si; não são ordens ou proibições, mas liberdade e iniciativa que determinam sua existência. O imperativo do desempenho converte a liberdade em coação; em lugar da exploração estranha entra a autoexploração, sendo que o sujeito de desempenho explora a si mesmo até se ruir. Aqui, a violência e a liberdade coincidem. Com isso, a violência torna-se autorreferente; aquele que explora é o explorado; o agressor é, ao mesmo tempo, a vítima; o *burnout* é a manifestação patológica dessa liberdade paradoxal.

A violência da positividade é, assim, muito mais prejudicial do que a violência da negatividade, porque se faz passar por liberdade. O "reboar do trovão da batalha" não se calou. Há uma batalha muito singular, uma batalha sem qualquer senhorio ou inimizade. Trava-se guerra contra si mesmo, comete-se autoviolência; já não se abre caminho a partir das instalações de encarceramento da sociedade disciplinar, mas da *alma do sujeito de desempenho*. Paradoxalmente, o novo presídio se chama *liberdade*, assemelhando-se a um campo de trabalho onde somos presidiários e vigias ao mesmo tempo.

É inerente à sociedade pré-moderna da soberania a violência da *decapitação*; seu *medium* é o sangue. A sociedade disciplinar moderna é, em grande medida, uma sociedade da negatividade, sendo regida e dominada pela coerção disciplinar, isto é, pela "ortopedia social". Sua forma de violência é a *deformação*. Mas nem a *decapitação* nem a *deformação* estão em condições de descrever a sociedade de desempenho pós-moderna. Ela é dominada por uma violência da positividade, que confunde a liberdade e a coerção. Sua manifestação patológica é a *depressão*.

# 3
# Violência da positividade

A religião, por exemplo, é um *sistema de negatividade*. Com seus mandamentos, proibições e rituais ela se contrapõe à proliferação do positivo. Ela faz surgir sinais e espaços claramente delimitados, carregados de tensão altamente semântica e atmosférica. Desse modo mantém a *entropia* do sistema social em um nível bastante baixo.

A orgia da libertação, a desregulamentação, a supressão de limites e a desritualização, que prosseguem até os dias de hoje, vão demolindo cada vez mais a negatividade. Essa destruição da negatividade gera excesso de positividade, grande promiscuidade e excesso de mobilidade, consumo, comunicação, informação e produção.

A exorbitância do positivo causa entupimento e adiposidade da circulação, levando ao "infarto do sistema". A partir de um determinado ponto a informação não é mais informativa, a produção já não é produtiva, a comunicação não é mais comunicativa. Tudo cresce e prolifera para além de sua meta, para além de sua determinação, para além da economia da utilidade. Nesse contexto, Baudrillard escreve: "A produção ininterrupta da positividade temporalizou consequências assustadoras. Se a negatividade levava à crise e à crítica, a positividade exagerada leva à catástrofe [...]. Toda e qualquer estrutura que persegue seus elementos negativos, que os expulsa e extingue, expõe-se ao perigo de uma catástrofe total através de uma total inversão, como acontece a todo e qualquer organismo vivo que persegue e elimina suas células nucleares, bacilos, parasitas e inimigos biológicos, incorrendo em perigo de sofrer uma metástase e câncer, isto é, no perigo de uma positividade que consome suas próprias células. Por exemplo, o risco viral de ser consumido por seus próprios anticorpos, agora ociosos. Quem bane de si sua parte ostracista sela sua própria morte. Esse é o teorema da parte ostracista"[30]. Aqui, com todos os problemas que isso implica, Baudrillard segue o esquema convencional da repressão e do retorno. A expulsão do outro ou da parte ostracista provoca o surgimento de uma outra alteridade. Admite-se que o espaço asséptico da positividade, a partir do qual toda e qualquer negatividade do outro imunologicamente efetiva é eliminada, desenvolve novas formas de viralidade, novas patologias: "Quem vive do igual morre por meio do igual. A falta de alteridade isola uma outra alteridade inconcebível, essa absoluta alteridade do vírus. [...] O fantasma do igual se abateu sobre o organismo. Na coerção total em prol da semelhança, na eliminação da diferença [...] está a ameaça de uma virulência incestuosa, de uma alteridade diabólica [...]. Em outra configuração, há o ressurgimento do princípio do mal"[31]. Ainda

---

30. BAUDRILLARD, J. *Transparenz des Bösen* – Ein Essay über extreme Phänomene. Berlim, 1992, p. 122.

31. Ibid., p. 75.

segundo Baudrillard, essa nova patologia da virulência incestuosa não teria compreendido a medicina, na medida em que trata o câncer e a Aids, por exemplo, como enfermidades convencionais, e não como enfermidades que surgiram do triunfo da profilaxia. Elas seriam doenças causadas pelo desaparecimento das enfermidades, da eliminação de formas patogênicas e que, por isso, subtraem-se do tratamento medicamentoso dos tempos antigos. Estaria agindo uma "patologia de terceiro tipo, inalcançável para aquele tratamento medicamentoso dos tempos antigos"[32].

Nessa passagem, a Teoria da Virulência de Baudrillard perde o rigor argumentativo, pois o vírus HIV não se distingue fundamentalmente de outros vírus. Como qualquer outro vírus, ele demonstra a negatividade do outro imunológico. Nesse sentido, seria possível combater o vírus com anticorpos. Já do ponto de vista imunológico, cura significa negação da negação. Também a mortalidade do

---

32. Ibid., p. 74.

câncer não reside na autoimunidade, na qual, como admite Baudrillard, o organismo seria consumido pelos próprios anticorpos "agora ociosos". A célula cancerígena é a própria célula modificada em *outra*, e com isso continua sendo um objeto de defesa imunológica. Também os vírus de computador pressupõem a negatividade, que se contrapõe ao programa antivírus. A violência viral, portanto, que provém tanto do HIV e do câncer quanto dos vírus de computador, é uma *violência da negatividade*. Mas a era atual não é uma época viral. Suas enfermidades principais não são infecções virais ou bacteriológicas, mas enfermidades psíquicas como o *burnout*, a hiperatividade e a depressão, devidas, em última parte, não à negatividade viral, mas ao excesso de positividade, à violência da positividade.

Assim, Baudrillard não consegue compreender a patologia do positivo, porque se mantém firmemente preso ao modelo imunológico: "Não é por acaso que se fala tanto de imunidade, anticorpos, implantes e extermínio". Em tempos de carência, a preocupação está sempre voltada para o absorver e para a assimilação; numa época de superabundância o problema está na rejeição e na eliminação. A comunicação e a superinformação generalizadas ameaçam todas as forças humanas de defesa"[33]. O excesso de superprodução, superdesempenho, superconsumo, supercomunicação e superinformação não ameaça o sistema imunológico, mas o sistema neuronal-psíquico. A patologia do positivo não tem nada a ver com o sistema imunológico; não existe imunorreação à corporeidade adiposa do sistema. Se for o caso, a adiposidade pode ser *diminuída*, mas não *repelida*. Em virtude de sua positividade, o *igual* não leva à formação de anticorpos; em virtude da violência do *igual* não é plausível fortalecer as forças de defesa. Elas só se *defendem de* e afastam o *outro*. É preciso distinguir também entre repulsa imunológica e não imunológica. A *repugnância* é uma reação imunológica na medida em que se aplica ao *outro*. É verdade que o exagero do *igual* também causa

---

33. Ibid., p. 86.

vômitos; porém, isso não é uma defesa imunológica, mas uma *ab-reação* psíquico-digestiva.

Em entrevista dada a *Der Spiegel*, Baudrillard chama a atenção para a forma modificada da guerra: "Já não existe mais *front* nem linha demarcatória; o inimigo está instalado no coração da cultura que o combate. Se quisermos falar assim, trata-se da IV Guerra Mundial: não mais entre povos, estados, sistemas e ideologias [...]"[34]. Baudrillard não percebe que a nova guerra mundial ocorre hoje *sem inimigos* a serem combatidos. Ao contrário, faz-se *guerra contra si mesmo*; em virtude da falta de negatividade da inimizade, a guerra se torna *autorreferente*. Quem destrói é destruído; quem abate é abatido; quem vence, ao mesmo tempo perde. Falta a essa guerra toda e qualquer visibilidade e publicidade, na medida em que ela se apresenta como se fosse paz. Trata-se de uma guerra que ninguém poderá vencer. Não há vitória de uma parte, mas apenas implosão global; um *burnout* global poderia

---

34. Entrevista dada a *Der Spiegel* em 15 de janeiro de 2002.

colocar um fim a essa guerra sem inimigos. O superaquecimento da Terra causa implosão, sendo que aqui está em jogo a violência *implosiva*. Ela se distingue da violência *explosiva*, que, como a violência imperialista ou a violência da guerra clássica, vai se expandindo e conquistando novos espaços. A violência explosiva exerce uma pressão para fora. Na violência implosiva, em virtude da falta do exterior, a pressão é exercida para dentro. Portanto, no interior, ela gera tensões e coerções destrutivas, causando "infarto do sistema global". Também as catástrofes apontam para o superaquecimento do sistema. O *burnout* do sujeito de desempenho é um presságio patológico da iminente implosão do sistema.

De acordo com a genealogia da inimizade de Baudrillard, no primeiro estágio o inimigo é o lobo. Ele é um "inimigo exterior que ataca, e contra o qual é preciso se defender construindo fortificações e muros"[35]. Em outros estágios de sua genealogia, o inimigo

---

35. BAUDRILLARD, J. *Der Geist des Terrorismus*. Viena, 2002, p. 85.

vai perdendo cada vez mais seu ímpeto e sua visibilidade; ele diminui de tamanho e oculta-se. Assim, no segundo estágio, ele aparece como um rato, operando no subsolo, tornando necessária uma outra estratégia de defesa. Muros e cercas são ineficientes contra ele. Somente a "higiene" e as técnicas de limpeza podem afastar o perigo emanado dele. Depois do terceiro estágio, o estágio do besouro, o inimigo adquire uma forma viral: "o quarto estágio são os vírus [...]. É bastante difícil defender-se contra eles, pois estão instalados no coração do sistema"[36]. Surge um inimigo fantasmagórico que se difunde por todo o planeta e que vai se infiltrando por todos os lados como um vírus, instilando-se em todas as brechas do poder"[37]. De acordo com Baudrillard, a reação de pânico perante os ataques de carbúnculo reflete a mudança morfológica e topológica da violência e da inimizade. As células virais adormecidas que se instalam no sistema operam de forma hostil

---

36. Ibid., p. 86.

37. Ibid., p. 20.

contra ele, tão logo sejam ativadas. Formam um exterior no interior; atacam o sistema como se fossem forças externas a ele. Aqui, o agressor e a vítima são bastante distintos. A "violência viral" está amplamente dominada por uma tensão antagônica, é uma violência da negatividade. O terrorista, enquanto inimigo, é o outro imunológico do sistema, que o infecta e o destrói.

Baudrillard resume a violência viral do terrorismo como *a* forma de violência de hoje; o terrorismo islâmico seria apenas um desses tipos de violência. Estaria em curso um "terror contra o terror", um terror da singularidade contra o terror da globalização, que, por seu turno, repousa em uma "violência espantosa". O terrorismo está por toda parte, "em cada um de nós". Ele usa "aleatoriamente cada ator, cada um de nós como cúmplice virtual". Pode ser "percebido por toda parte e intercruzadamente (*durchschneidend*) em toda forma de violência, seja violência humana, acidente ou catástrofes"[38]. A "violência solvente e homoge-

---

38. Ibid., p. 63.

nizante" do global produziria "por toda parte forças heterogêneas, não apenas diferentes, mas antagônicas e irresistíveis"[39]. Com isso, Baudrillard exige que se ofereça resistência à violência da globalização, contrapondo-lhe uma "singularidade radical, o evento da singularidade". Assim, ele anuncia a "revolta da singularidade"[40]. Como aconteceu com Antonio Negri, Baudrillard recai em um romantismo pós-moderno das singularidades. Mas, em contraposição à sua tese, o antagonismo social de hoje não se desdobra entre o global e o singular. A sociedade atual, na qual vai se delineando uma erosão crescente do elemento social, produz, ao contrário, egos singularizados, isolados, com um fraco elo do nós; egos que se encontram em uma relação de concorrência acirrada. Tais egos não são singularidades que em comum podem oferecer resistência ao global. Ao contrário, todos eles são con-correntes, coatores e, ao mesmo tempo, vítimas do global; são microem-

---

39. Ibid., p. 55.

40. Ibid.

preendedores que, entre si, apenas há possibilidade de uma relação de negócios. Hoje, mesmo o terrorismo islâmico já não representa a maior ameaça real. Muito mais perigoso do que o *terror do outro* é o *terror do igual*, o *terror da imanência*. Em virtude da falta de negatividade, já não há defesa contra esse terror.

De maneira equivocada, Baudrillard caracteriza a violência do global como uma violência viral. No ensaio *Die gewalt des globalen* (A violência do global) ele diz: "É uma violência viral, aquela da rede e do virtual. Uma violência da aniquilação suave, uma violência genética e comunicacional; uma violência do consenso e da interação forçada [...]. Essa violência é viral no sentido de que ela não opera frontalmente, mas através de infecção, reação em cadeia, eliminando toda e qualquer imunidade"[41]. A comunicação do global é uma comunicação *pós-imunológica*. É precisamente pela falta de negatividade imunológica que se chega a uma supercomunicação. E a massa

---

41. Ibid., p. 54.

comunicativa que surge com isso acaba propiciando uma crescente entropia no sistema. A *infecção* é uma nova forma de comunicação; mas não é uma *comunicação significativa* quando surge por meio de intensidades e impulsos afetivos. Em contraposição à hipótese de Baudrillard falta a ela a negatividade do viral.

A atual crise temporal não se chama aceleração; em si a aceleração não é destrutiva. Temporariamente, um crescimento acelerado de células pode fazer muito sentido na medida em que se submeta à economia de todo o organismo. Onde a aceleração se projeta para além de toda e qualquer determinação de sentido, alcançando autonomia, adquire uma forma diabólica. Esse tipo de aceleração já não pode ser visto como crescimento, mas como uma excrescência. A aceleração autêntica pressupõe um processo que se dirige a uma meta. O que hoje se percebe e compreende por aceleração é, na realidade, uma *veloz elevação da entropia*, que faz as coisas entrarem em um torvelinho de agitação e proliferação, gerando, assim, uma massa de saturação e sufocação.

Talvez os bacilos não destruam seu universo porque teriam isso como meta, mas pela simples razão de terem incidido em excesso de crescimento cego. Eles são cegos frente à instância a que estão subordinados, à qual devem sua vida e sobrevivência. Em um aforismo de Schnitzler podemos constatar sua hipótese do parentesco que existiria entre os bacilos e os humanos: "Não poderíamos imaginar que a humanidade se constituísse em enfermidade para algum organismo superior, inconcebível para nós em seu conjunto, dentro do qual ela encontra as condições, a necessidade e o sentido de sua existência? Que ela procura destruir aquele organismo, e, finalmente, quanto mais ele se desenvolve e se eleva, tem de ser destruído exatamente como os bacilos procuram aniquilar o indivíduo humano?! Mesmo que essa suposição se aproximasse da verdade, nossa capacidade imaginativa nada saberia fazer com essa informação, pois nosso espírito só consegue apreender o que está abaixo, o inferior, e jamais o que está acima, o superior. Somente o *inferior* pode ser relativamente sabido por nós; o *superior* só pode ser intuído ou adivinhado. Nesse sentido, talvez possamos compreender a história da humanidade com sua eterna luta contra o divino, que, apesar de toda resistência, aos poucos, acaba sendo aniquilado necessariamente pelo humano [...]"[42]. Diante do destrutivo excesso de crescimento em muitos âmbitos da vida, a tese de Freud sobre o impulso de morte vai ganhando mais plausibilidade. As forças que, em uma primeira visão, mostram-se favoráveis ao progresso e à vitalidade, às hiperatividades da sociedade de desempenho pós-moderna, seriam, então, impulsos destrutivos que brotam do impulso de morte e, dessa forma, acabariam provocando uma implosão mortal, o *burnout* do sistema como um todo.

---

42. SCHNITZLER, A. *Aphorismen und Betrachtungen*. Frankfurt a. M., 1967, p. 177s. Baudrillard concorda com a ideia de Schnitzler a respeito da necessidade cosmológica, de um ocaso universal da vida. De acordo com ele, o destino oculto de cada um consiste em aniquilar o outro; contudo, não mediante agressão ou má intenção de querer impingir danos a ele, mas em virtude do fato de uma existência própria. Nesse sentido, existência já é violência. O fato de que o outro deva perecer deve-se à "determinação vital" própria, sendo que um não reconhece que sua sobrevivência está ligada à existência do outro.

# 4
# Violência da transparência

O mote *transparência* domina o discurso social de hoje. Está em curso um processo abrangente, uma mudança de paradigma que, em sua complexidade e efeitos profundos, vai muito além de problemas como democracia, justiça e verdade. A coerção generalizada por transparência aponta para uma constelação social dominada pelo *excesso de positividade*, que, assim, vai eliminando cada vez mais a *negatividade*. A eliminação de portais de passagem, distinções e fronteiras leva a diversas formas de profusão e adiposidade de círculos sociais. Por isso, a ditadura da transparência não deve ser pensada como algo separado de fenômenos como *hipercomunicação*, *hiperinformação* e *hipervisibilidade*.

A *negatividade* do inacessível determina a topologia do sagrado. Espaços sagrados são espaços exclusivos que se fecham e se separam do exterior; há umbrais que os protegem contra a profanação. A experiência religiosa é uma experiência de umbral, de liminar, uma experiência *do totalmente outro*. A sociedade transparente, enquanto sociedade da positividade, ao contrário, vai eliminando todo limite e umbral, toda e qualquer experiência limiar, nivelando tudo ao grau do *igual*. A *transcendência do totalmente outro* dá lugar à *transparência do igual*. Os umbrais impedem a visão que hoje se escancara como hipervisibilidade. Também se contrapõem a promiscuidade e a permeabilidade generalizadas que perfazem a sociedade transparente.

É a alteridade incomensurável que impede um sistema de coincidir totalmente consigo mesmo, isto é, de ser transparente para si. Mas a autotransparência não é o objetivo de todo e qualquer sistema; para muitos sistemas, a impossibilidade de transparência é precisamente sua condição de possibilidade. Na fé, o que se impõe primeiramente não é a questão da transparência, e nisso ela se distingue do sistema de saber, cuja meta é a autotransparência. Também para a confiança, a negatividade do não saber é constitutiva; quando se dá a certeza a confiança se torna supérflua, uma vez que é um estado intermediário entre saber e não saber. Também o pensamento e a total transparência são interexcludentes; a transparência positiva o pensamento em *cálculo*. Em contraposição ao cálculo, o que *perfaz* o pensamento são *experiências* que o transformam, isto é, permitem que ele se torne *diverso*: "fazer uma experiência com algo, seja com uma coisa, uma pessoa, um deus, significa que isso nos vem ao encontro, que nos atinge, nos sobrevém, nos converte e transforma"[43]. O *espírito*, que significa originalmente estímulo ou ser-atingido, jamais é totalmente transparente. Da autotransparência não surge qualquer inquietação nem qualquer atingimento. Na base da exigência permanente por transparência se

---

43. HEIDEGGER, M. *Unterwegs zur Sprache*. Pfullingen, 1959, p. 159.

encontra uma ideia de mundo, de ser humano livre de toda e qualquer forma de negatividade. Totalmente transparente é apenas a máquina. Uma comunicação transparente seria uma comunicação maquinal, para a qual o ser humano não está apto. A coerção por uma transparência total nivela o próprio ser humano a um elemento funcional de determinado sistema, e nisso é que reside a violência da transparência. Também faz parte da integridade de uma pessoa certa dose de inacessibilidade e impermeabilidade; uma total iluminação e clareamento seriam uma violência. Assim, escreve Peter Handke: "Daquilo que os outros não sabem de mim, disso eu vivo"[44].

A transparência não brota da luz amigável, que permite ao aleatório aparecer em sua aleatoriedade, o arbitrário em sua bela arbitrariedade, isto é, que o outro se manifeste em sua alteridade incomensurável. A política generalizada da transparência consiste em fazer desaparecer totalmente a alteridade, condenando

---

44. HANDKE, P. *Am Felsfenster morgens*. Salzburgo, 1998, p. 336.

tudo à *luz do igual*; alcança-se a transparência justamente pela eliminação do outro. A violência da transparência se manifesta, portanto, no nivelamento do outro em igual, como eliminação da alteridade. Ela é i-*gualitadora*. Por isso, a política da transparência é uma *ditadura do igual*.

O imperativo da transparência acelera a comunicação, eliminando toda e qualquer negatividade, diante da qual seria necessário haver um demorar-se, um manter-se junto de, um hesitar. A comunicação alcança sua velocidade máxima *onde o igual responde ao igual*, onde ocorre *uma reação em cadeia do igual*. A alteridade, ao contrário, detém essa velocidade. A linguagem transparente é uma linguagem maquinal, funcional, que elimina toda e qualquer ambivalência, sendo que a ditadura da transparência aniquila o vago, o opaco, o complexo. O calcular é mais transparente do que o contar, no sentido de narrar, e a adição é mais transparente do que a narração. Em contraposição à narrativa sabe-se que os números não cheiram, e a transparência também rouba o tempo do perfume. O tempo transparente é um tempo sem aroma, sem evento, sem narração, sem cena. Quando o traço narrativo desaparece totalmente do tempo, este se atomiza em uma mera sequência da atualidade pontual, atomizada. Também a memória *não é transparente* quando denota uma estrutura narrativa, em contraposição à armazenagem que trabalha apenas de forma aditiva. Em virtude de sua historicidade e narratividade, os traços da memória estão submetidos a uma constante reorganização e reescrita[45]. Mas os dados armazenados, ao contrário, permanecem sempre *iguais*.

Como tal, a política é uma *ação estratégica*; é constitutivo dela uma esfera secreta. Essa es-

---

[45]. Em uma carta Freud diz a Wilhelm Fliess: "Você sabia que eu trabalho com a hipótese de que nosso mecanismo psíquico surgiu através de seguidas sedimentações; sendo que, de tempos em tempos, o material existente ali, produto de vestígios de recordações, sofre uma reescrita, seguindo novas relações? O que há de essencialmente novo em minha teoria é, portanto, a afirmação de que a existência da memória não é simples, mas multifária, e foi sendo registrada em diversos tipos de sinais" (FREUD, S. *Briefe an Wilhelm Fliess, 1887-1904*. Frankfurt a. M., 1986, p. 173) [Ed. de J.M. Masson].

fera distingue-a de uma mera regência e administração, que não passaria de *trabalho*; a ação política não é *trabalho*. A publicação de todas as intenções também impossibilita o *jogo*, pois este também é um fazer estratégico. Onde não é possível traçar uma estratégia existe apenas estatística, como sondagens de opinião. De acordo com Carl Schmitt, o "postulado da publicidade" possui seu adversário específico na ideia de que pertencem a toda e qualquer política arcanos, segredos técnico-políticos, que são tão necessários ao absolutismo como segredos de negócio e empresariais são necessários para uma vida econômica baseada na propriedade privada e na concorrência"[46]. Na inexistência de esferas secretas a política desanda em *teatrocracia*, que não se sustenta sem palco e espectadores: "O século XVIII ainda ousava apresentar muita autossegurança e o conceito aristocrático do mistério. Numa sociedade que já não apresenta essa coragem não poderão existir 'arcanos', hierarquia, diplomacia

---

46. SCHMITT, C. *Römischer Katholizismus und politische Form*. Stuttgart, 2008, p. 48.

secreta e nem mesmo política, uma vez que é parte essencial de toda grande política a existência de um *arcanum*. Tudo irá se desenrolar diante das cortinas (diante de um palco de Papageno)[47]". A política schmittiana da violência é uma política do segredo; quanto mais política for uma ação tanto mais segredos gerará. Assim, Schmitt exige da política mais "coragem para o segredo"[48]. Poder ou dominação e transparência não são compatíveis; por isso, a ideia schmittiana de soberania pressupõe uma negatividade absoluta. Soberano é aquele que decide sobre o estado de exceção, no qual está em questão toda a ordem do direito, sendo um *estado de absoluta intransparência*.

O imperativo da transparência faz desaparecer toda e qualquer distância e discrição, sendo que transparência significa proximidade total e falta de distância, total promiscuidade e permeabilidade, total exposição e exibição. Transparência também é a nudez e obscenida-

---

47. Ibid., p. 47.

48. Ibid., p. 58.

de do dinheiro, que iguala tudo com tudo na medida em que elimina a incomensurabilidade e a impenetrabilidade das coisas. Obsceno é um mundo em que tudo pode ser expresso em forma de preço, e no qual tem de projetar algum lucro. A sociedade da transparência é, ademais, uma sociedade na qual tudo está *exposto*. Nessa *sociedade exposta*, cada sujeito é seu próprio objeto de propaganda. Tudo é medido em seu *valor de exposição*, desaparecendo todo e qualquer *valor cultual* que não consista no ser-exposto, mas no ser-aí, na existência. A sociedade exposta é uma sociedade pornográfica; tudo está voltado para fora, descoberto, desnudo, despido e exposto. O rosto exposto sem qualquer aura[49] fica nivelado a *face*, sua forma mercadológica. O excesso de exposição transforma tudo em mercadoria, "escancarado sem qualquer mistério e exposto ao consumo imediato". Obscena é a total exposição, o colocar-se sob o holofote escancarado; é a hipervisibilidade. Não é no escuro que as coisas de-

---

49. BAUDRILLARD, J. *Die fatalen Strategien*. Munique, 1991, p. 71.

saparecem, mas na superiluminação e na hipervisibilidade: "consideradas genericamente, as coisas visíveis não findam no escuro ou no silêncio, mas se volatizam naquilo que é mais visível do que o visível, na obscenidade"[50].

A destruição das barreiras e dos umbrais é pornográfica. Obscenas são também as correntes rasas e ininterruptas da hiperinformação e da hipercomunicação, às quais falta qualquer negatividade do mistério, do inacessível e do oculto; é a coação em expor tudo à comunicação e à visibilidade. Comunicação sem qualquer cenografia é pornografia. No nível sexual, obscenidade significa "a perda da ilusão cênica do desejo em prol da colocação de holofotes sobre a promiscuidade direta do corpo"[51].

Para a sociedade da transparência de hoje a exposição pornográfica e o controle panóptico se interpenetram e complementam. O exibicionismo e o voyeurismo alimentam a rede

---

50. Ibid., p. 12.

51. BAUDRILLARD, J. *Die göttliche Linke* – Chronik der Jahre 1977-1984. Munique, 1986, p. 113.

de comunicação como um panóptico eletrônico. A sociedade de controle se completa onde seu sujeito se desnuda, não por determinada coação, mas pela *necessidade autogerada*, na qual o medo de perder sua esfera privada e íntima dá lugar à necessidade de expor despudoradamente sua vida. Também a sociedade de desempenho alcança sua eficiência máxima onde a liberdade e a autoexploração coincidem. Assim, a *autoiluminação* e a *autoexploração* tornam-se uma coisa só.

A coação por transparência, em última instância, não é um imperativo ético ou político, mas econômico. *Iluminação é exploração; comunicação é comércio*. Quem está totalmente exposto à iluminação está inapelavelmente entregue à exploração; a superiluminação de uma pessoa maximiza a eficiência econômica. O *cliente transparente* é o novo interno, o *homo sacer* do panóptico econômico. O panóptico da sociedade de consumo e da sociedade de desempenho se distingue da sociedade disciplinar pelo fato de que não precisa de grilhões, de muros e nem de espaços fechados. Agora, a sociedade e o globo em seu *todo* formam o panóptico. Google® e canais de redes sociais como Facebook são, ao mesmo tempo, *panópticos digitais* do serviço secreto. Já os conceitos de busca e os perfis que apresentamos expõem a pessoa à observação e controle panópticos. A análise dos dados pessoais disponibilizados na rede tornam uma pessoa mais transparente neles do que ela para si mesma. A rede não esquece e não rechaça nada; em contraposição ao panóptico da sociedade disciplinar, o controle panóptico não isola nem impõe barreiras, mas, ao contrário, interliga mais dados à rede. Hoje a supervisão não se realiza como *ataque à liberdade*, mas, ao contrário, liberdade e controle se identificam. E assim, as pessoas se expõem *voluntariamente* ao olhar panóptico; trabalham firmemente para colaborar com o panóptico da rede. A livre-comunicação e o controle panóptico se interpenetram e se tornam indistinguíveis.

# 5
# O meio é a era da massa

A linguagem é um meio de comunicação. Como qualquer meio, ela se expressa tanto simbólica quanto diabolicamente. Por isso, faz sentido partirmos de dois modos distintos de funcionamento da linguagem: da simbologia e da diabologia. Quem defende o consenso como a essência da linguagem não compreende sua diabologia[52]. Quem, ao contrário, apro-

---

52. Quem toma a linguagem apenas na direção de sua simbologia acaba caindo num idealismo ingênuo. Para Hannah Arendt, a linguagem de *per si* já é entendimento. Desse modo, ela faz coincidir o elemento próprio da linguagem e o político. A essência do político é o agir conjunto, que se radica no falar uns com os outros. A violência, ao contrário, não fala, é muda (cf. ARENDT, H. *Über die Revolution*. Munique, 1965, p. 20). Por isso, ela se constitui um fenômeno limítrofe do político. Onde finda a linguagem, finda também o político. Arendt ignora totalmente o diabolismo da linguagem; ele fornece linguagem à violência, bloqueando a ação conjunta.

xima muito a linguagem da violência perde sua dimensão simbólica, comunicativa[53]. *Symballein* significa ligar; em virtude de sua simbologia a linguagem estabelece ligação, isto é, é comunicativa. Mas junto com o *symbolon* vem igualmente o *diabolon*. *Diaballein* significa separar e dividir. Por causa de sua diabologia, a linguagem não apenas estabelece ligação, mas também é divisora, fere. Assim,

---

53. Também Nietzsche parte de uma proximidade originária entre palavra e violência. Para ele o comunicar-se é "estender sua violência aos outros" (NIETZSCHE, F. *Nachgelassene Fragmente 1882-1884* – Kritische Gesamtausgabe, seção VII, vol. 1, p. 306). A comunicação, enquanto manifestação da vontade própria, expressa-se como suplantar o outro; falar é ferir. O primeiro sinal é "o cunhar (muitas vezes dolorido) de uma vontade sobre a outra vontade". Os "ferimentos do outro" perfazem a "linguagem dos sinais do mais forte". O compreender se realiza, a princípio, como sentir sofrimento e dor. Por isso, os sinais poderiam ser compreendidos seguindo a lógica de Nietzsche, como estigmas originários. A lógica da violência prosseguiria até adentrar a gramática. Conjugar seria, então, uma submissão violenta do outro através de um dobrar e subjugar (*flectere*); substantivo, acusativo e objeto direto se reportam mutuamente como senhor e escravo. Mas se tomássemos a linguagem na perspectiva de sua simbologia, conjugar não seria mais um dobrar violento, mas um adequar-se e aderir. Também o *flectere* receberia, assim, o significado de flexibilizar.

a simbologia constitui o aspecto construtivo, comunicativo da linguagem; a diabologia, porém, concede a ela traços destrutivos.

A positivação da sociedade também compreende a linguagem e produz uma forma de violência da linguagem totalmente diferente. Aquela linguagem da violência que se pauta na difamação, no desacreditar, no degradar, no desautorizar, ou também na coisificação, é uma violência da negatividade[54]; nega-se *o outro*. Ela segue o *esquema imunológico* do amigo e inimigo. A nova violência da linguagem não é negativa, mas positiva. Ela não se volta *contra o outro*, mas, ao contrário, parte de uma massa do *igual*, de uma massificação do *positivo*.

A supercomunicação da sociedade atual provoca *spamização da linguagem e da comu-*

---

54. O interesse que surge atualmente pela violência da linguagem não se fundamenta no fato de que ela estaria sendo virulenta. Deve-se, antes, ao fato de que hoje se rechaça toda e qualquer forma de violência física, sendo que a *violência da negatividade* se torna possível unicamente por meio da linguagem. Assim, a atenção que ganha a violência da linguagem não é prospectiva, mas nostálgico-retrospectiva.

*nicação*, fazendo surgir uma massa de comunicação e informação que não é informativa nem comunicativa. O que se tem em mente aqui não são apenas *spams* em sentido estrito, que vão depauperando sempre mais a comunicação, mas também a massa de comunicação que surge pelas práticas, como o *microblogging*[55]. A versão latina *communicare* significa: fazer algo em comum, unificar, dar ou ter em comum. A comunicação é um ato que cria uma comunidade. Contudo, a partir de um determinado ponto, ela não é mais comunicativa, mas apenas *cumulativa*. Já a informação é informativa, porque coloca *em forma*. Mas, em determinado estágio, ela deixa de ser in-formativa, tornando-se de-formativa. Ela coloca *fora de forma*.

---

55. É notório que *microbloggins* ou redes sociais como o Facebook podem desempenhar uma função construtiva em uma *sociedade da negatividade*; p. ex., na ditadura. Tais ferramentas possibilitam lidar com o poder de controle e organizar protestos, como se pode observar atualmente, p. ex., no espaço árabe. Mas, em uma sociedade da positividade, como se dá no Ocidente, elas se transformam, chegando a se positivar em espaços de exposição do *eu-sou* hipertrófico.

A *spamização* da linguagem caminha de mãos dadas com a hipertrofiação do eu, que gera um vazio comunicativo. Com isso, inicia-se uma *inflexão pós-cartesiana*. O eu cartesiano ainda é uma imagem fragmentária, sendo precedido por uma dúvida radical. Ele foi gerado como uma hipótese hesitante: "Assim, refutamos tudo o que, de algum modo, apresenta motivos de dúvida e o consideramos, inclusive, como falso; então fica fácil para nós supor que não há nenhum Deus, nenhum céu, nenhum corpo, e que nós próprios não possuímos nem mãos nem pés ou sequer corpo. Mas não é fácil deduzir que nós, que seguimos esses pensamentos, nada somos. Pois é claramente contraditório admitir o fato de que aquele que pensa, justamente enquanto está pensando, não exista [...]. 'Eu penso, logo existo' [...]"[56]. O eu pós-cartesiano já não é uma hipótese vacilante, mas uma realidade massiva. Não se tira mais uma conclusão precavida, mas se faz uma afirmação primordial. O eu pós-

---

56. DESCARTES, R. *Die Prinzipien der Philosophie*. Hamburgo, 2005, p. 15.

-cartesiano já não precisa negar o outro para se positivar. Nisso ele se distingue do sujeito apropriativo cartesiano, que se impõe, define, posiciona por meio da negação do outro, que estabelece seus limites, sua identidade, marca seu território, delimitando fronteiras diante dele. Para o eu pós-cartesiano, *pós-imunológico*, não é possível aplicar a fórmula de Carl Schmitt: "O inimigo é questão própria nossa enquanto configuração". Segundo Schmitt, o eu deve sua identidade e sua "configuração" ao outro enquanto inimigo, o qual se deve negar. Ao eu pós-cartesiano falta essa negatividade da delimitação e defesa imunológica.

Em virtude da positividade do eu pós-cartesiano dá-se uma inversão total da fórmula cartesiana. Em seu livro *Leben als Konsum* (Vida como consumo), Zygmunt Bauman serve-se ainda da velha fórmula cartesiana: "eu vou às compras, logo existo". Bauman seguramente não se dá conta da inversão pós-cartesiana da fórmula, que já ocorreu há muito tempo. A fórmula cartesiana "eu vou às compras, logo existo" não está de acordo com a nossa realidade. Ao contrário, essa fórmula deveria ser: "eu sou, logo eu sonho, eu sinto, eu amo, eu duvido, sim, eu penso"; *sum, ergo cogito*; *sum, ergo dubito*; *sum, ergo credo* etc. Temos diante de nós a redundância e a recorrência do eu-sou pós-cartesiano. Também certas práticas como os *microbloggins* estão dominadas pelo eu hipertrófico. Em última instância, os *twetts* podem ser reduzidos a *eu-sou*; é pós-imunológico. Anuncia-se no espaço escancarado da rede para chamar a atenção do outro, em vez de afastá-lo e dele se defender.

Para Heidegger, o eu pós-cartesiano seria uma linguagem *pós-hermenêutica* sem "mensagem". O "curso da mensagem" ou o "portador da mensagem" de Heidegger ergue-se e adentra aquele espaço querigmático oculto que se retrai da redundância e da evidência do eu-sou. Mas a linguagem do eu-sou pós-cartesiano está despida de toda e qualquer ocultação, de todo e qualquer mistério. Em sua nudez e exposição despida de todo mistério ela fala uma linguagem pós-hermenêutica. Segundo Heidegger, hermenêutico significa estar "em relação" com aquilo que ultrapassa o *eu-sou* autorreferido[57].

Há quem apele a Lévinas para afirmar que já seria uma violência o fato de *eu* falar[58]. Na medida em que eu tomo a palavra, tiro-a do outro. Nesta perspectiva, o eu, em si mesmo, já é violência. Lévinas contrapõe uma responsabilidade infinita a esse eu; uma responsabilidade que vai muito além daquilo "que eu posso cometer ou deixar de cometer contra o outro", "o que a minha ação poderia ser ou poderia deixar de ser, como se eu estivesse condenado ao outro"[59]; ela me expõe a ele. Sem essa exposição radical diante do outro, surge novamente, segundo Lévinas, um "coágulo" do eu. Do outro provém aquela "violência" que me fle-

---

57. HEIDEGGER, M. *Unterwegs zur Sprache*. Op. cit., p. 119.

58. Cf. LÉVINAS, E. *Zwischen uns*. Munique, 1995, p. 250: "Meu 'ser-no-mundo' ou meu 'lugar ao sol', meu estar em casa já não é usurpação de espaço de vida que pertence a outros, que eu já oprimi ou condenei à fome, que eu expulsei para um Terceiro Mundo: um rechaçar, um excluir, um tornar-sem-pátria, um espoliar, um matar".

59. LÉVINAS, E. *Wenn Gott ins Denken einfällt*. Friburgo i. Br. et al., 1985, p. 218.

xiona num acusativo (*accusatif*) daquele que já está sempre acusado (*accusé*)[60]. Sem essa flexão violenta o eu volta a se orientar para o nominativo inflexível, que é violência. A ética de Lévinas é, em última instância, uma *ética da violência*.

O eu pós-cartesiano não está "exposto" ao "outro" nem sequer enredado nas relações de dominação de nominativo e acusativo. Todavia, não está livre de coerção; ele se submete voluntariamente a uma *coerção expositiva*. Em Lévinas, na exposição ao outro a "responsabilidade" intensifica-se de tal modo que chega a ser um "despir-se para além da nudez", no qual "se desfaz inclusive da pele"[61]. Aqui, estamos às voltas com um sujeito *ético* no sentido enfático. O eu pós-cartesiano, ao contrário, surge como um sujeito *estético*, que se expõe até o

---

60. LÉVINAS, E. *Jenseits des Seins oder anders als Sein geschieht*. Friburgo i. Br. et al., 1998, p. 190: "A subjetividade é um si-mesmo insubstituível. Não propriamente um eu, posto em sua identidade no nominativo; ao contrário, de antemão forçado a... como no acusativo, de antemão responsável e sem possibilidade de se esquivar".

61. Ibid., p. 51.

desnudamento, até a nudez pornográfica. Importa *explorar seu valor expositivo*. Para esse eu desnudo, exposto, o outro é o *espectador* enquanto consumidor. O eu de Lévinas ainda se define pela negação do outro; toma seu lugar excluindo o outro. O eu pós-cartesiano, ao contrário, não necessita da negação do outro para se positivar.

A supercomunicação eleva a *entropia* do sistema de comunicação; ela produz um lixo comunicacional e de linguagem. Em seu ensaio *Das eigentliche Übel* (O verdadeiro mal), Michel Serres afirma que o processo de transformação do mundo em lixo e sujeira se deve à sanha de apropriação de origem animalesca. Os animais se apropriam de seu território demarcando-o com o malcheiro de seu cocô e de sua urina. Nós cuspimos na sopa para tirar dos outros o prazer da fruição. Os rouxinóis se apropriam do espaço expulsando pássaros de sua área ao fazer muito alarde. Serres distingue entre duas espécie de lixo. O lixo sólido consiste em resíduos materiais, como depósitos gigantes de lixo, venenos tóxicos ambientais ou resíduos industriais. Lixo suave, ao contrário, é o lixo do linguajar, lixo de sinais e de comunicação. A sanha por apropriação sufoca o planeta com lixo, com um tsunami de sinais e símbolos: "O planeta será totalmente tomado por resíduos e painéis, mares completamente poluídos, correntes do fundo do mar entulhadas de plásticos, mares entupidos de cacos de vidro, resíduos e vasilhames [...]. Sobre cada rocha da montanha, sobre cada folha de árvore, em cada parcela de terreno de plantio será cunhada uma propaganda e um anúncio; em cada erva serão inscritas letras [...]. Como na catedral, da saga tudo mergulha no tsunami dos sinais"[62].

Os animais descritos por Serres ainda são cartesianos, no sentido de que ainda seguem um esquema imunológico em sua apropriação territorial. Com sua urina, cocô ou alarido eles afastam os outros como inimigos. Desse modo, escreve Serres: "O pobre Descartes confirmou

---

62. SERRES, M. *Das eigentliche Übel* – Verschmutzen, um sich anzueignen. Berlim, 2009, p. 76.

nossos costumes bestiais"[63]. Hoje, o processo de poluição do mundo com lixo e sujeira vai muito além da apropriação "cartesiana". Também nisso se pode ver a inflexão pós-cartesiana. O lixo pós-cartesiano não fede como os excrementos cartesianos; ele se mantém na forma do *belo*, na bela propaganda que tem de chamar a atenção. O lixo fétido de Serres só agrada à apropriação animal: "vamos ouvir e ver os sinais que logo logo se transformarão em sujeira e imundície como os excrementos, que dão prosseguimento aos gestos antigos de apropriação com sua dura suavidade"[64].

Hoje em dia não se pode reduzir a poluição do mundo com sujeira e lixo apenas na demarcação e apropriação *territorial*; ela acontece em espaço desterritorializado e já não tem delimitação. Tampouco se trata de conquistar e apossar-se de territórios, expulsando outros, mas de conquistar a atenção. Assim, atualmente, o lixo também acaba sendo positivado.

---

63. Ibid., p. 91.

64. Ibid., p. 30.

O *lixo negativo* da apropriação, com seu mal-cheiro e alarido, afasta os outros. Empreende demarcações territoriais. Com o *lixo positivo*, ao contrário, luta-se para alcançar a atenção deles; esse tipo de lixo deverá agradá-los. A exclusão determina o lixo negativo; a inclusão é a intencionalidade do lixo positivo. Este não é repelente, devendo ser agradável e atrativo. Os rouxinóis pós-cartesianos não trinam porque querem expulsar os outros de seu espaço; *eles tweetam porque querem chamar a atenção*.

A comunicação estabelece uma proximidade. Mais comunicação, porém, não produz automaticamente mais proximidade. Em algum momento a superproximidade se converte em *indiferença sem distância*. É nisso que reside a *dialética da proximidade*. A superproximidade destrói aquela proximidade que seria *mais próxima* do que a falta de distância. Trata-se de uma proximidade inervada pela distância, mas no excesso de proximidade positiva ela desaparece. O excesso de positividade leva ao entupimento e à dispersão, à cauterização da percepção, tornando-a cega para coisas inaparentes, hesitantes, discretas, sutis. Assim também escreve Michel Serres: "as letras e as imagens senhoriais nos obrigam a ler, enquanto as coisas do mundo nos suplicam aos nossos sentidos para dar significado. Essas últimas pedem; as primeiras comandam. Nossos sentidos criam o sentido do mundo. Nossos produtos já têm significado – raso –, que é tanto mais fácil perceber quanto menos elaborado for, quanto mais próximo está do resíduo. Imagens, lixo de pinturas; logos, lixo da escrita; propaganda, lixo do olhar; mensagens publicitárias, resíduos de lixo de música. Esses sinais simples e inferiores se impõem cumulativamente à percepção e desfiguram a paisagem mais difícil, discreta, muda, que muitas vezes rui pelo fato de não ser vista, pois é a percepção que salva as coisas"[65].

Serres reduz o processo de poluição do mundo pelo lixo à vontade de apropriação do sujeito cartesiano. Mas, sozinha, a apropriação não consegue explicitar a supercomu-

---

65. Ibid., p. 76.

nicação e a superprodução que se retraem da racionalidade econômica. Mesmo na apropriação bestial reside a necessidade econômica. Com seus excrementos, o animal se assegura do espaço de vida *necessário*. A superprodução e a superacumulação de hoje, porém, são *transeconômicas*. Elas transcendem o valor de uso e rompem o elo econômico que há entre meio e fim. Assim, o meio não tem mais seus limites e sua delimitação no fim, tornando-se autorreferente e sem medida. O crescimento é diabolizado em excrescência e proliferação. Tudo cresce além das próprias determinações, o que leva à adiposidade e ao entupimento do sistema: "São produzidas e acumuladas tantas coisas, que já não se dispõe de tempo para avaliar sua necessidade [...]. São produzidas e emitidas tantas notícias e sinais, que já não há tempo para ler"[66]. Assim, a supercomunicação seria uma ficção ininterrupta no visor, que compensa o vazio da "tela de focagem",

---

66. BAUDRILLARD. *Transparenz des Bösen*. Op. cit., p. 40.

um "cenário forçado" que procura compensar a *falta de ser* com o excesso de positividade.

Surge uma violência específica, uma violência da positividade daquela massa de comunicação; uma massa de informações e de sinais que já não esclarece e revela, mas que apenas atua *massivamente*. A *massa* positiva *sem mensagem* dispersa, entope, paralisa. *O meio é a mensagem*, de McLuhan, pode ser aplicado perfeitamente à época da não mensuração positivo, com uma pequena modificação: *o meio é a mass-age* (o meio é a era da massa).

# 6
# Violência rizomática

A violência não parte apenas da supercodificação, que estingue todo e qualquer espaço livre com sua ordem rígida e repressiva, mas também da decodificação e do franqueamento ilimitado de limites, que dissolve o mundo em uma torrente de acontecimentos, impulsos e intensidades descontrolados. Em si, a codificação não é uma violência. Ela articula, estrutura, forma, ordena e dá linguagem ao mundo. Violência é apenas a supercodificação e a hipercodificação totalitárias. Não há dúvida de que uma certa decodificação e decifração *pode* libertar o mundo de coerções e crispações, oferecendo resistência à supercodificação repressiva. Mas quando ela se torna diabolicamente acentuada, sua própria atuação passa a ser destrutiva. Deleuze festeja a decodificação ilimitada de forma não dialética como libertação, e desfoca sua diabologia. É a proliferação cancerígena que cresce sobre todos os órgãos, aniquilando as diferenças orgânicas; é uma forma diabólica de decodificação e desterritorialização. O "corpo sem órgãos", de Deleuze, no qual se suspendeu totalmente a codificação orgânica, praticamente não se distingue do corpo com profusão de metástases. Nessa concepção, toda articulação orgânica é destruída; a *essência* é suspensa; a dessencialização acirrada torna-se diabólica. O exemplo de Deleuze "para o corpo sem órgãos" também pode ser comparado à "mesa esquizofrênica", que mais se parece com um amontoado de coisas do que com uma mesa, sendo privada de qualquer funcionalidade. Seu tablado vai perdendo lugar e acaba desaparecendo; é "consumido" pela composição. Também a própria linguagem é decodificada e desdiferenciada em uma massa de sons: "O corpo sem órgãos contrapõe às máquinas orgânicas sua superfície lisa, densa e opaca, e, às torrentes ligadas, unificadas e de novo amputadas, contrapõe sua fluência indiferenciada, amorfa. Às palavras construídas foneticamente, ele contrapõe suspiros e gritos, blocos desarticulados"[67]. Assim, o "rizoma"[68] de Deleuze prolifera de forma descontrolada e desgovernada: "Um rizoma não tem começo nem fim, está sempre no meio, entre as coisas, uma peça intermédia, um *intermezzo*. A árvore é afiliação, mas o rizoma é aliança, só e unicamente aliança. A árvore necessita do verbo 'ser', mas o rizoma encontra sua sustentação na conjunção 'e... e... e...' Nessa conjunção há suficiente força para abalar o verbo 'ser' e desenraizá-lo"[69]. Violência não é apenas o *nem-nem* repressivo ou o opressivo *ou-ou*, mas também o infinito "*e... e... e...*" A *adição* acelerada *do igual*, o *excesso de positividade* causam uma *ab-reação* violen-

---

67. DELEUZE, G. & GUATTARI, F. *Anti-Ödipus* – Kapitalismus und Schizophrenie. Frankfurt a. M., 1974, p. 15.

68. Cf. DELEUZE, G. & GUATTARI, F. *Tausend Plateaus*. Berlim, 1992, p. 16: "Todo ponto de um rizoma pode (e deve) estar e ser ligado a um outro ponto. Isso é bem diferente de uma árvore ou raiz, onde foi estabelecido um ponto, uma ordem".

69. Ibid., p. 41.

ta, que se distingue da *defesa* imunológica, em virtude de sua positividade. A *bulimia psíquica* não segue qualquer esquema imunológico, pois não há reação imunológica ao *e* ou ao *demasiado*. Não é a infecção mortal, mas sim o infarto, a consequência patológica da *violência da positividade*. A adição desmedida do positivo pode abalar o *ser*. Também leva à profusão desmedida do *ente*, que é igualmente uma violência.

O protagonista de Deleuze chama-se "Squizo", que "sempre cambaleando, tropeçando, vagabundeando, perde-se constantemente e se afunda cada vez mais na desterritorialização, em seu corpo sem órgãos, na decomposição infinita do sócio (*Sozius*) [...]. Ele embaralha todos os códigos, sustenta as torrentes de desejos"[70]. Deleuze idealiza Squizo como o Lenz perambulante: "O perambular do esquizofrênico apresenta seguramente uma imagem melhor do que a do neurótico estendido no sofá. [...] Por exemplo, a ambulação do Lenz, de Büchner. [...] Tudo é máquina.

---

70. DELEUZE & GUATTARI. *Anti-Ödipus*. Op. cit., p. 46.

Máquinas do céu, as estrelas ou o arco-íris; máquinas da montanha, que se unem com as máquinas de seu corpo. Barulho ininterrupto de máquina. [...] Ele vivencia a natureza não como natureza, mas como processo de produção. Não há mais homens nem natureza, mas apenas processos que geram um no outro e acoplam reciprocamente as máquinas. Por todo lado se veem máquinas para produção e máquinas de desejos; as máquinas esquizofrênicas [...]"[71]. Squizo é caracterizado pela capacidade de "inserir fragmentos em novas fragmentações"[72]. É inerente a ele uma pulsão de morte. Assim, Deleuze reporta-se a Antonin Artaud: "O corpo em sua totalidade e sem órgãos é o improdutivo, o estéril, o inconsumível. Antonin Artaud descobriu-o, por toda parte em que ele se encontra, sem forma e sem configuração. Seu nome é pulsão de morte, e a morte não está desprovida de protótipo. Uma vez que o desejo deseja/anela *também* a ela, a

---

71. Ibid., p. 8.
72. Ibid., p. 13.

morte [...]⁷³. Uma "pulsão de morte maquinal" impinge as máquinas dos desejos. Elas sabotam e destroem a si mesmas, de tal modo que "sua construção e o começo de sua destruição se confundem"⁷⁴. A indistinção entre construção e derribamento, entre produção e destruição é um traço essencial das máquinas esquizofrênicas, que se parecem muito com as *máquinas capitalistas*. A produção esquizofrênica que coincide com a destruição não se distingue essencialmente da produção capitalista desenfreada. Deleuze constata, inclusive, uma proximidade essencial entre esquizofrenia e capitalismo: "A decodificação das torrentes, assim como a desterritorialização do sócio, formam a tendência essencial do capitalismo. Ele se aproxima de forma irrefreável de seus limites esquizofrênicos. Invocando todas as forças, ele tenta gerar o Squizo como sujeito das torrentes decodificadas no corpo sem órgãos" [...]⁷⁵.

---

73. Ibid., p. 14.

74. Ibid., p. 511.

75. Ibid., p. 44.

Segundo Deleuze, o capitalismo não desenvolve apenas traços esquizofrênicos, mas também paranoicos. Assim, ele fica oscilando entre desterritorializações e reterritorializações. Deleuze diaboliza apenas a reterritorialização. Ele se mantém sempre afirmativo em relação à desterritorialização esquizofrênica. Assim, sugere intensificar a supressão esquizofrênica de limites contra a reterritorialização paranoica: "com mais entusiasmo ainda lançar-se no movimento do mercado, da decodificação e da desterritorialização"[76]. A desterritorialização esquizofrênica leva à proliferação rizomática do igual, à desmedida do positivo. Violência não é apenas a negatividade da execução ou da exclusão, mas também a positividade da exorbitância ou do excesso. Fica evidente que Deleuze não compreendeu aquela violência que reside no excesso de positividade. Assim, ele festeja unilateralmente a decodificação e a desterritorialização como libertação. A violência positiva do excesso é

---

76. Ibid., p. 308.

muito mais nefasta do que a violência negativa da carência e da retenção. Enquanto a carência alcança um fim no ponto da saciedade, o excesso não conhece ponto-final.

Deleuze analisa a esquizofrenia como algo livre de qualquer diabolismo; ela é amplamente romantizada e idealizada. Assim, ele fala de "esquizofrenia geral produtiva, que acaba se tornando feliz"[77]. As máquinas de desejos esquizofrênicas são comparadas às máquinas de Tinguely, cujos elementos se unem reciprocamente sem qualquer lógica funcional: "No sistema vigente de nossas sociedades a máquina de desejos só é suportada como perversa, isto é, apenas à margem do uso sério da máquina [...]. Mas a ordem das máquinas de desejos não consiste em perversão, mas, antes, em esquizofrenia produtiva, que, enfim, se tornou feliz, uma vez que, sobre as máquinas de desejos, pode-se dizer o que afirmou Tinguely: '*a truly joyous machine, by joyous I mean free*' (uma máquina verdadeiramente feliz, e por

---

77. Ibid., p. 515.

feliz quero dizer livre)"[78]. O sistema desterritorializado, cujos elementos, apesar da falta de toda e qualquer ligação lógica e funcional, comunicam-se mutuamente e, apesar da falta de relações de parentesco, estão ligados entre si, sendo, portanto, um verdadeiro sistema feliz, não apresentaria qualquer fissura ou divisões esquizofrênicas. É verdade que as máquinas de Tinguely estão livres de qualquer nexo funcional e teleológico; formam, porém, um *continuum*, uma totalidade consonante a si mesmas. Suas partes vão se encaixando ludicamente umas às outras sem qualquer bloqueio. De certo modo, são um todo *co-pertencente e co-dependente*. Sua aliança é uma amizade criadora de proximidade sem parentesco. Em virtude dessa concordância interna correm e se desenrolam livres de empecilhos. Uma esquizofrenia real, ao contrário, provocaria distúrbios e bloqueios. Ela própria é uma forma coercitiva; assim, não torna "feliz" nem "livre".

---

78. Ibid.

Frente à negatividade do outro, o "espírito" de Hegel desenvolve hiperimunidade, que provoca hipercodificação e hiperterritorialização. Mas também o contramodelo da decodificação e da desterritorialização esquizofrênica de Deleuze é destrutivo e diabólico. A máquina esquizofrênica, liberta de toda negatividade, produz uma *violência da positividade*. Assemelha-se a um reator nuclear, que em virtude de descontroladas reações em cadeia e superaquecimento queima completamente (*burnout*). Mas nem toda negatividade é destrutiva; não raro são construtivas aquelas formas de negatividade como hesitar, manter-se interiorizado, monotonia e lentidão, espera e ira, que, no curso da positivação crescente da sociedade, ameaçam desaparecer. Todo mundo sabe que um computador não hesita; pelo fato de não ter qualquer dimensão para o *outro*, torna-se uma *autêntica máquina de cálculo*. O pensar, em sentido enfático, está igualmente ligado à negatividade; sem ela o pensamento nada mais seria do que cálculo. O esquizofrênico "*e... e... e...*" está desprovido de negatividade e age sobre o excesso de positividade. Somente a negatividade da inibição faz com que surjam a cadência, o ritmo, o *tempo*. Mas tanto o bloqueio paranoico quanto a eliminação esquizofrênica de barreiras aniquilam o *tempo*.

# 7
# Violência global

Segundo Hardt e Negri, a globalização desenvolve duas forças contrapostas. De um lado, forma o "império", que, em virtude de constante controle e conflitos permanentes, edifica uma exigência de dominação capitalista descentralizada, desterritorializada. De outro lado, a globalização produz "multitude", uma totalidade de singularidades que se comunicam mutuamente através de rede e agem em conjunto. *Dentro* do império a multidão age *contra* o império. Hardt e Negri constroem, portanto, uma nova edição da luta de classes. A violência que provém do império é interpretada como violência da *exploração alheia*. "A multidão (*multitude*) é a verdadeira força produtiva do mundo social, enquanto o império é um aparelho de saque que vive da força vital da multidão; ou, para expressar essa realidade apoiando-nos em Marx: um regime de trabalho acumulado morto, que só sobrevive pelo sugar o sangue dos vivos como um vampiro"[79].

Hardt e Negri praticamente não levam em consideração as realidades político-econômicas, edificando seu modelo teórico sobre uma base de categorias historicamente ultrapassadas, como classe e luta de classes. Assim, eles definem a *multitude* como uma classe: "Em uma primeira aproximação a multidão deveria ser compreendida como a composição de todos aqueles que trabalham sob a dominação do capital, e assim, potencialmente, como a classe que oferece resistência à dominação do capital"[80]. O discurso sobre classe só faz sentido dentro de uma pluralidade de classes que interagem ou concorrem mutuamente. Mas a multidão é praticamente a *única* classe exis-

---

79. HARDT, M. & NEGRI, A. *Empire* – Die neue Weltordnung. Frankfurt a. M., 2003, p. 75.

80. HARDT, M. & NEGRI, A. *Multitude* – Krieg und Demokratie im Empire. Frankfurt a. M., 2004, p. 124.

tente na globalização. Pertencem a ela *todos* os que participam do sistema capitalista. Ela não tem, pois, uma classe dominante à qual deva se contrapor e combater. No império, *cada um* está submetido ao imperativo da economia capitalista; ele não é uma classe dominante que explora a multidão como proletariado. Ao contrário, ela explora a si mesma. Hardt e Negri não percebem essa *autoexploração*. No império *ninguém* domina; ele próprio representa o sistema capitalista, que abarca *todos*. Obviamente, nele também há exploração alheia, mas o modelo fundamental da manutenção dos sistemas é a autoexploração.

Como constatam os próprios Hardt e Negri, a classe "só forma um todo coletivo quando luta em conjunto"[81]. Concerne a ela um forte sentimento de pertencimento, que gera o impulso para o agir conjunto. Mas, precisamente, o que caracteriza a sociedade atual é que esse sentimento de pertencimento, o *nós*, começa a desaparecer por toda parte. A apatia

---

81. Ibid., p. 122.

e a indiferença política, ao lado da infantilização crescente da sociedade, tornam bastante improvável uma ação conjunta. O mundo globalizado não é habitado por singularidades decididas que resistem de maneira conjunta contra o império, mas por egos isolados em e para si mesmos, que se comportam de forma antagônica uns com os outros. Todos os que participam do processo de produção capitalista são, ao mesmo tempo, agressores e vítimas. Onde agressor e vítima coincidem já não é possível haver resistência. Hardt e Negri não compreendem essa topologia do global.

O poder social surge apenas de um agir comum, de um nós. Mas a egotização e a atomização da sociedade não deixam espaço para ações conjuntas, fazendo-as diminuir e impedindo, assim, a formação de um contrapoder que pudesse realmente colocar em questão a ordem capitalista. O *socius* dá lugar ao *solus*. Não é a multidão, mas a *solidão* que caracteriza a atual constituição social. A singularização não gera poder. Hardt e Negri não dão qualquer atenção a essa evolução social decisiva e se dedicam a um discurso fantasioso[82] que conjura uma revolução romântico-comunista da multidão[83]. A falta de contrapoder perpetua a ordem econômica neoliberal, a qual, por sua vez, desenvolve uma forte energia de apropriação que absorve tudo, transformando-o em moeda de troca da fórmula capitalista.

---

82. Sem dispor de estratégias de resistência claras, Hardt e Negri servem-se de fórmulas de conjuração utópico-míticas. Assim, determinada vez citam Francisco de Assis; outra, Agostinho. Citam inclusive Plotino: "'Agora vamos fugir para a pátria amada' – com mais direito, poderíamos exortar. [...] Nossa pátria está propriamente ali de onde proviemos e ali está nosso pai. Que tipo de viagem é essa; portanto, essa fuga? Não a deves empreender com os pés, pois eles só carregam em geral de um país para o outro; tampouco, precisas equipar algum veículo puxado por cavalos ou que singre o mar; não tens de deixar para trás isso tudo, e não olhar para isso tudo, mas como que fechar os olhos e despertar em ti uma outra visão, em lugar da antiga visão" (HARDT & NEGRI. *Empire*. Op. cit., p. 402s.).

83. Assim, encerram seu livro com um esclarecimento romântico do comunismo: "Na Pós-modernidade voltamos a nos encontrar em uma situação como aquela enfrentada por Francisco de Assis, e contrapomos à miséria do poder a alegria no ser. Nenhum poder poderá controlar essa revolução, visto que biopoder e comunismo, cooperação e revolução continuam unidos no amor, na simplicidade e também na inocência. Nisso se mostra a leveza irreprimível e a felicidade de ser comunista" (HARDT, M. & NEGRI, A. Op. cit., p. 420).

Depois da derrocada do comunismo nada pode representar ameaça ao capitalismo. Até mesmo o terrorismo islâmico não representa uma manifestação de poder semelhante que pudesse realmente ameaçar o sistema capitalista; este pode, inclusive, absorver esse terrorismo e transformá-lo em energias sistêmicas. O que se poderia imaginar é a possibilidade de implosão do sistema capitalista por superaquecimento e supercontrole. Essa violência implosiva distingue-se da violência explosiva, que se expande como a violência da guerra clássica, e que vai conquistando novos espaços. A violência explosiva exerce pressão para fora; na violência implosiva, por falta de um fora, a pressão é exercida para dentro. No interior, ela gera tensões e rejeições destrutivas que provocam a implosão do sistema.

Os conflitos violentos que acontecem mundo afora, aos quais falta todo e qualquer caráter, são arbitrariamente interpretados por Hardt e Negri como uma guerra contra o império. Na realidade, são conflitos que não precisam estar necessariamente relacionados ao neoliberalismo. Os conflitos violentos apresentados por Hardt e Negri – como a revolta dos estudantes na Praça da Paz Celestial em Tiananmen, as revoltas raciais de 1992 em Los Angeles, a intifada, os levantes que ocorrem em Chiapas ou as greves dos ferroviários na França – não têm caráter ideológico nem meta comuns. É verdade que Hardt e Negri constatam que não há ligação entre essas lutas de resistência, que elas sequer têm uma linguagem comum, um adversário comum[84]; todavia, isso não basta para perceberem a insuficiência de sua própria tese. Sabe-se que, sem comunicação, não pode haver ação comum, isto é, não

---

84. Cf. ibid., p. 69: "De fato, precisamos admitir que nós mesmos, quando tentamos destacar o que há de realmente novo nessa situação, caímos sob a suspeita de que as lutas já estariam antiquadas, superadas e anacrônicas. Os confrontos e embates que aconteceram na Praça da Paz Celestial lançaram mão do discurso da democracia, que já parece estar superado há muito tempo: guitarras, tiaras, cabanas e *slogans* soaram como fracos ecos de Berkeley nos anos de 1960. Também os movimentos de revolta de Los Angeles são réplicas dos conflitos raciais que abalaram a América do Norte nos anos de 1960. As greves em Paris e Seul pareciam nos reportar à época das fábricas das massas de operários, como se fossem o último suspiro de uma classe de trabalhadores moribundos".

pode haver contrapoder. Hardt e Negri simplesmente supõem haver ali uma intenção comum que não existe. Supõe-se que a falta de comunicação seria um "novo tipo de comunicação", uma "comunicação de singularidades"[85]. As lutas de resistência não têm ligação "horizontal", mas cada um, individualmente, poderia se dirigir, "verticalmente, ao centro virtual do império"[86].

Hardt e Negri argumentam contra os fatos. A sociedade atual está em processo de diluição: do social, do comum e do comunitário. Ela está se atomizando e se particularizando a olhos vistos. Contra esse acontecimento fático afirma-se que o traço essencial das atuais relações de produção consistiriam em "produzir cooperação, comunicação e comunidade", o que levaria a uma crise da propriedade privada: "O próprio conceito de propriedade privada, compreendido como o direito exclusivo de usar um bem e de dispor de toda a riqueza

---

85. Ibid., p. 70.

86. Ibid., p. 71.

que provém de sua posse, está se tornando [...] cada vez mais sem sentido"[87]. Contrariamente a essa constatação, o comum e o comunitário estão cada vez mais decadentes, sendo que a decadência do comunitário vai tornando o agir comum cada vez menos provável. Hardt e Negri sobrestimam a força de resistência contra o sistema neoliberal capitalista. Pertence essencialmente a essa constituição – na qual é cada vez mais difícil distinguir entre explorados e exploradores – a coincidência de agressores e vítimas. Já não se forma mais um *contra* unívoco, um *front* claro que pressuponha dois acampamentos separados, duas forças ou classes separadas. Hardt e Negri têm certa noção da topologia específica da violência. Assim, eles constatam, por exemplo: "Muito embora ainda sempre seja possível experimentar concretamente a exploração e a dominação (a multidão experimenta-as em seu próprio corpo), elas são de certo modo ainda amorfas, no sentido de que, aparentemente, já não há mais

---

87. Ibid., p. 313.

lugar onde se possa sentir-se seguro diante delas. Se já não há lugar que possa ser considerado como fora, então, em todo lugar devemos nos opor a isso"[88]. É preciso, pois, postar-se contra essas realidades, em todo lugar; mas não fica claro *contra o que* deve se voltar a resistência. Assim, a decisibilidade fantasiosa da multidão se perde totalmente no vazio. Hardt e Negri não compreendem que no império, com muita facilidade e rapidez, os combatentes se convertiam em cúmplices, e que, agora, o lugar da violência e da exploração já não oferece qualquer contraposição, uma vez que cada um explora a *si próprio*. O agressor é ao mesmo tempo a vítima; a exploração alheia dá lugar à autoexploração. Assim, a exploração acontece sem qualquer dominação, pois se realiza em nome da liberdade. Essa imanência da violência faz desaparecer toda e qualquer contraposição que possa ou deva ser combatida.

O sistema global, neocapitalista e liberal que Hardt e Negri chamam de *empire*, é,

---

88. Ibid., p. 223.

na realidade, um espaço conflitivo interior do mundo, no qual a espécie humana trava guerra *consigo mesma*. Essa guerra é totalitária, uma vez que coincide totalmente com as relações sociais e se faz passar como se fosse paz. Aquele "troar ensurdecedor da batalha", ao qual Foucault ouvia se aproximando a partir dos dispositivos disciplinares, estabelece-se hoje como um tom de fundo da sociedade. A guerra se estende e vai adentrando, inclusive, a alma de cada um. Travamos guerra não apenas com o outro, mas sobretudo conosco. Mediante essa totalidade e imanência da guerra, aquela resistência clássica que pressupunha separação nítida entre interior e exterior, entre amigo e inimigo, entre dominação e escravidão, não tem força e atuação.

A única chance de se opor ao império consistiria em neutralizar o processo que ele produz, tirar-lhe a agudeza diabólica. Contra isso há uma estratégia problemática traçada por Hardt e Negri. Eles opinam que não é possível nem faria sentido inverter o processo, mas que, ao contrário, seria preciso que ele fosse acelerado e agudizado. Eles citam Deleuze e Guattari: "Gilles Deleuze e Félix Guattari eram da opinião de que não se deve contrapor à globalização do capital; antes, seria preciso acelerá-lo. 'Mas que caminho revolucionário haveria' para isso, eles se perguntam. Abster-se [...] do mercado global [...]? Ou trilhar o caminho inverso? Ou seja, lançar-se ainda com mais ímpeto no movimento do mercado, da decodificação e da desterritorialização? [...]. O império só poderá ser combatido com efetividade quando nos confrontarmos com ele no mesmo nível, e quando catapultarmos os processos que o caracterizam para além dos limites momentâneos[89]. Seria um procedimento fatal querer lançar-se impetuosamente e com mais decisão ainda no movimento do mercado e do capital. *Mundo* e mercado global não são idênticos, e a mercantilização total do *mundo* seria sua violação. Ela reprime e aniquila tudo o que não é trabalho, lucro, capital, eficiência e desempenho, sendo que a histeria

---

89. Ibid., p. 218.

da produção e do desempenho, como também a hipertonia da competição e da concorrência, provocam fenômenos patológicos dos mais diversos tipos. A hipermobilidade do global equipara-se à mobilização que se faz passar por pacificação, e a tentativa de acelerar e agudizar os processos dinâmicos que dominam o império e fazê-los avançar além dos limites momentâneos teria consequências catastróficas. Inevitavelmente, haveria um *burnout* total do sistema.

# 8
## *Homo liber*

O estado de exceção é um estado de extrema negatividade, pois nele todas as normas positivas são suspensas. Instaura-se no momento em que um exterior irrompe no interior de um sistema, colocando-o em questão. É constitutiva para o estado de exceção uma tensão negativa entre interior e exterior. Nele, a imanência de um sistema confronta-se com a transcendência do outro, que o ameaça. A negatividade do totalmente outro gera no sistema uma contração, criando instabilidade interna. A instauração de um estado de exceção é uma reação imunológica de um sistema diante de uma ameaça externa.

O soberano dispõe do poder absoluto de suspender a ordem do direito vigente. Ele incorpora a violência legislativa e mantém uma relação com ela fora da ordem do direito. Assim, o soberano não precisa ter direito para impor o direito. Suspendendo a ordem do direito vigente, o estado de exceção produz um espaço livre do direito, no qual se torna possível a atuação absoluta sobre cada elemento. Segundo Agamben, a vida humana somente se politiza pela implicação no poder da soberania, a saber: "apenas através desse ser-abandonado (*abbandono*) a um poder incondicional sobre a morte"[90]. A vida nua, passível de morte, e o poder da soberania se condicionam mutuamente: "Em contraposição ao que nós, modernos, costumamos representar como espaço político em conceitos de direitos do cidadão, da vontade livre e do contrato social, do ponto de vista da soberania, *somente a vida desnuda é política em sentido verdadeiro*"[91]. A vida "exposta à morte" é o "elemento político originário", sendo que o "fenômeno originário da política" é o feitiço que produz a "vida des-

---

90. AGAMBEN. *Homo sacer*. Op. cit., p. 100.

91. Ibid., p. 116.

nuda do *homo sacer*". Soberania e vida desnuda do *homo sacer* estão posicionadas nos dois limiares extremos de uma ordem. Em frente ao soberano, todos os seres humanos são potencialmente *homines sacri*.

\* \* \*

> *Homo sacer* é alguém que, em virtude de delinquência diante do mandamento divino, é expulso da comunidade. Quem, por exemplo, desloca a pedra demarcatória está exposto à vingança do *Término de Júpiter*, o deus protetor da fronteira. Tem-se o direito de matá-lo sem incorrer em punição. Todavia, o *homo sacer* percorre diversos estágios históricos. Na época da Lei das Dozes Tábuas, *sacer* era quem feria a inviolabilidade das tribunas populares. Os plebeus recorriam novamente à antiga práxis, de origem religiosa, para assegurar seu posto de poder. Agamben ignora totalmente a evolução histórica do *homo sacer*, restringindo a *sacratio* à era da dominação plebeia. Assim, ele retrorrefere a *sacratio* de modo equivocado a *potestas sacrosancta*, que compete às tribunas plebeias. Com isso, desfocando de

sua origem religiosa, a *sacratio* entra em curto-circuito com o poder da soberania. O renomado historiador do direito Emil Brunnenmeister escreve o seguinte: "A consagração [...] não era mundana, dizia respeito exclusivamente a Deus. Somente aos poucos foi se desdobrando em atenção mundana" (BRUNNENMEISTER. *Das Tötungsverbrechen im altrömischen Recht*. Leipzig, 1887, p. 153). Para dar sustentação à sua tese, Agamben edificou posteriormente uma contradição na figura do *homo sacer*, que, na realidade, não existe. Ele aponta que é impossível o *homo sacer* pertencer ao âmbito religioso, pois se poderia matá-lo, enquanto é proibido violar as demais coisas sagradas (*res sacrae*). A possibilidade de matar por mão humana não desvincula o *homo sacer* do elemento religioso, pois se supõe que a vingança divina possa atingir a qualquer tempo o *homo sacer*, mesmo pelo fato de um outro ser humano vir a matá-lo. Aqui, o assassino é visto simplesmente como instrumento da vingança da divindade ferida. Assim, Brunnenmeister escreve: "A consagração tem como base a fé amplamente testemunhada a nós de que a deidade, ela mesma, tem o direito de castigar o sacrílego [...] quando e como quiser, e que ninguém, nem o Estado nem algum de seus funcionários ou sacerdotes, nem sequer o cidadão singular, têm o direito de executar essa punição. Nenhum mortal saberia quais caminhos poderia escolher a deidade encolerizada para fazer perecer inapelavelmente a respectiva vítima. Talvez ela impinja o culpado ao suicídio através de todo tipo de tormentos, talvez ela o faça finar inesperadamente num acidente ou com que ele vá se extenuando lentamente até perecer, talvez ela coloque a arma mortal na mão de alguma outra pessoa. Aquele que tivesse abatido um amaldiçoado (*sacer*) era considerado inocente, uma vez que se pudesse deduzir das circunstâncias que ele, talvez de modo totalmente inconsciente, tornou-se instrumento da vingança divina. A ideia de que seria permitido – ou até que seria um dever – vir em auxílio com a atuação humana do deus vilipendiado em sua empreitada de vingança, era algo estranho à fé popular piedosa. A mesma repulsa que assegurava o domínio dos deuses diante de toda e qualquer violação seguramente também conteve naturezas insensatas e malignas a portar-se como representantes autorizadas aqui na Terra, a perseguir e punir os que estavam sujeitos ao poder supraterreno" (BRUNNENMEISTER. *Das Tötungsverbrechen im altrömischen Recht*, p. 152s.). Agamben afirma, ademais, que o *homo sacer* não estaria excluído apenas da ordem humana, mas também da ordem divina, porque ele não poderia ser oferenda. Mas também isso é uma conclusão equivocada, pois *homo sacer* não é passível de oferenda, justamente porque ele já se encontra em posse da deidade ferida. Assim, a figura do *homo sacer*, sobre a qual Agamben fundamenta sua Teoria da Soberania, mostra ser uma fantasia que não corresponde às realidades históricas.

\* \* \*

O fascínio provocado pela Teoria da Soberania de Agamben não serve como testemunho de que hoje o estado de exceção, como ele afirma, ameaça realmente se tornar regra. Ao contrário, indica que estamos em uma sociedade dominada pelo *excesso de positividade*, na qual já *não é possível haver estado de exce-*

ção. Esse fascínio surge, via de regra, de coisas que estão em vias de desaparecer[92]. O estado de exceção é um *estado de negatividade*. Ele só é possível frente à *irrupção do outro ou do exterior*. A positivação da sociedade integra, hoje, o estado de normalidade, retirando-lhe qualquer negatividade e transcendência. Ela integra em sua totalidade o espaço interior, no qual todo e qualquer exterior é extinto. O terror não parte apenas da transcendência da soberania, mas também da imanência. O terror da positividade, via de regra, é mais fatal do

---

92. A atualidade do discurso imunológico não é sinal de que a sociedade atual segue mais do que nunca o esquema imunológico. O fato de que se erija propriamente um paradigma como objeto de reflexão pode ser sinal de seu desaparecimento. Hoje, a sociedade está adentrando em uma constelação que vai se subtraindo cada vez mais do esquema de defesa imunológico. Vão desaparecendo o outro e o estranho em sentido enfático, e só esses verdadeiramente poderiam apresentar reação imunológica. A mudança da era imunológica para uma era pós-imunológica, na qual impera o igual, também tem a ver com o processo de globalização, que busca se desvincular, cada vez mais, da negatividade. Contra a violência que provém do igual já não é possível se defender com imunologia. Por isso, ela é mais nociva do que a violência da negatividade.

que o terror da negatividade porque se retrai de toda e qualquer defesa imunológica.

Há muito tempo a sociedade de soberania é um tema ultrapassado. Hoje em dia, ninguém mais se politiza pelo "abandono (*abbandono*) a um poder incondicional sobre a morte". Já não há exterior, transcendência, soberania do poder, ao qual estaríamos submissos e expostos enquanto sujeitos de obediência. A sociedade atual deixou de ser uma sociedade de soberania; vivemos na sociedade de desempenho. O sujeito de desempenho distingue-se do sujeito de obediência pelo fato de ser *soberano de si mesmo*; de, enquanto empreendedor de si, ser *livre*.

O sujeito de desempenho é livre da dominação exterior, que o obriga a trabalhar e o explora. Não está submetido a ninguém ou está submetido apenas a si. A eliminação da instância de dominação exterior, porém, não acaba com a estrutura de coerção. Ela faz coincidir liberdade e coerção. O sujeito de desempenho entrega-se à livre coerção para a maximização do desempenho. Assim, explora a si próprio. A autoexploração é mais eficiente do que a exploração alheia na medida em que é acompanhada por um falso sentimento de liberdade; o explorado é, ao mesmo tempo, quem explora. A exploração acontece, aqui, sem dominação; é isso que perfaz a eficiência da autoexploração. O sistema capitalista transmuta-se da exploração alheia para a autoexploração, do *dever* para o *poder*, para acelerar-se. Em virtude de sua liberdade paradoxal, o sujeito de desempenho é, ao mesmo tempo, agressor e vítima, senhor e escravo. Liberdade e violência não se distinguem aqui; o sujeito de desempenho, que se apresenta como soberano de si, como *homo liber*, mostra ser um *homo sacer*. O soberano da sociedade de desempenho é, ao mesmo tempo, o *homo sacer de si mesmo*. Em uma lógica paradoxal, na sociedade de desempenho o soberano e o *homo sacer* se condicionam mutuamente, mas também *são idênticos*. E é nisso que está a diferença em relação à Teoria da Soberania de Agamben.

Agamben se mantém preso ao esquema da negatividade. Assim, o agressor e a vítima, o soberano e o *homo sacer* são claramente distintos um do outro, mesmo do ponto de vista topológico. Soberania e vida desnuda do *homo sacer* estão "nos dois extremos de uma ordem". O estado de exceção de Agamben é um estado de negatividade. Os *homines sacri* da sociedade de desempenho, ao contrário, povoam o *estado normal totalizado*, que é um *estado de positividade*. Agamben de modo algum percebe a mudança topológica da violência, que forma a base da mudança da sociedade de soberania para a sociedade de desempenho. A violência da positividade, que caracteriza a sociedade de desempenho, subtrai-se do paradigma imunológico da negatividade, ao qual se mantém preso Agamben.

Uma parte de muçulmanos é "prisioneira de campo", totalmente enfraquecida; ela se tornou esquelética e apática. Enquanto *homines sacri* de uma sociedade totalitária, essa parcela está no fim extremo de uma ordem, em um lugar afastado (*ab-ort*). Os sujeitos de desempenho, enquanto *homines sacri* pós-modernos, ao contrário, estão *no centro de um lugar, no miolo de uma ordem*. Já os campos de trabalho não estão mais situados *à margem de um lugar*. Ao contrário, todo e qualquer sujeito de desempenho leva *consigo* um campo. Aqui, campo e lugar não se distinguem. O sujeito de desempenho é, ao mesmo tempo, prisioneiro e vigia. Não pode evitar essa violência porque é exercida por si. Nesse sentido se impõe a suspeita de que o sujeito de desempenho pós-moderno, com seus distúrbios psíquicos, como *burnout* e depressão, seja um "muçulmano". *A história da violência se locupleta nessa coincidência de agressor e vítima, de senhor e escravo, de liberdade e violência.*

Quando Agamben percebe que, via de regra, todos nós somos virtualmente *homines sacri*, isso se deve ao fato de que estamos sob o feitiço soberano, expostos a uma mortalidade absoluta. Esse diagnóstico social de Agamben contradiz todos os elementos da sociedade atual, que já não é uma sociedade da soberania. O feitiço que nos transforma em *homines sacri* não é o feitiço da soberania, mas o *feitiço do desempenho*. O sujeito de desempenho, que se julga *livre*, que figura como *homo liber*, como soberano de si, está sob o encanto desse desempenho, e transforma-se em *homo sacer*. O soberano da sociedade de desempenho, portanto, é o *homo sacer de si mesmo*.

A Teoria da Depressão de Ehrenberg não percebe a violência sistêmica inerente à sociedade de desempenho. Em grande parte, a origem de suas análises é psicológica, não apresentando nada de econômico ou político. Assim, nas enfermidades psíquicas do sujeito de desempenho, ele não vê as relações de autoexploração capitalista. O que torna alguém depressivo, segundo Ehrenberg, é apenas o imperativo de pertencer apenas a si mesmo; a depressão não passa de expressão patológica do fracasso do homem pós-moderno em "tornar-se si mesmo". Ehrenberg equipara-o com o homem soberano de Nietzsche, sem se dar conta de que ele é, ao mesmo tempo, soberano e *homo sacer*. Para Nietzsche, ele não seria soberano, mas o *último* homem, que, enquanto escravo de si, se autoexplora.

Em contraposição à hipótese de Ehrenberg, o homem soberano de Nietzsche é, na realidade, um contramodelo crítico cultural do sujeito de desempenho esgotado, depressivo. Assim, ele figura como um homem do ócio. Para Nietzsche, a contramão desse direcionamento seria o hiperativo. A "alma forte" conserva propriamente a "calma", "move-se lentamente" e sente "aversão contra o que é por demais vivaz". Em *Assim falava Zaratustra*, Nietzsche escreve: "a todos que amam o trabalho bruto, e amam a celeridade, a novidade, o estranho – vós vos portais mal, vossa operosidade é fuga e vontade de esquecer a vós mesmos. Se acreditásseis mais na vida, vós vos lançaríeis menos ao momento. Mas para a espera não tendes suficiente conteúdo em vós – e inclusive não a tendes para o ócio"[93].

Para Agamben, o poder da soberania produz uma esfera na qual se pode matar sem cometer assassinato, e sagrada (*sacer*) é a vida que está inserida nessa esfera de soberania. A santidade da vida significa originariamente "a submissão da vida a um poder de mor-

---

93. NIETZSCHE, F. *Also sprach Zarathustra* – Kritische Gesamtausgabe, seção V, vol. 1, p. 53.

te"[94], sendo que a produção da vida desnuda do *homo sacer* é o desempenho originário da soberania. Sua vida é desnuda porque está fora da ordem do direito, e por isso pode ser morta a qualquer momento. A vida do *homo sacer* da sociedade de desempenho é sagrada e desnuda em função de uma razão totalmente distinta. É desnuda porque está despida de toda e qualquer transcendência do *valor*, porque é reduzida à imanência da função e do desempenho vitais, que devem ser maximizados com todos os recursos disponíveis. A sociedade de desempenho se desenvolve, a partir de sua lógica interna, na *sociedade do dopping*. A vida reduzida à função vital desnuda é uma vida que deve ser mantida *sadia* a todo custo. E, assim, a saúde passa a ser a nova deusa[95]. Por isso, a *mera* vida é sagrada. Os *homines sacri* da sociedade de desempenho distinguem-se

---

94. AGAMBEN. *Homo sacer*. Op. cit., p. 94.

95. O último homem de Nietzsche proclama a saúde como a nova deusa após a morte de Deus: "honra-se a saúde. 'Nós descobrimos a felicidade' – dizem os últimos homens, e piscam os olhos" (*Also sprach Zarathustra*. Op. cit., p. 14).

dos da sociedade de soberania pela ampla especificidade e por, de modo algum, poderem ser mortos. Sua vida equipara-se à vida de um morto-vivo. São por demais vivos para poder *morrer*, e por demais mortos para poder *viver*.

Livros de **Byung-Chul Han** publicados pela Editora Vozes

Sociedade do cansaço
Agonia do eros
Sociedade da transparência
Topologia da violência
O que é poder?
No enxame – perspectivas do digital
A salvação do belo
Bom entretenimento – uma desconstrução da história da paixão ocidental
Hiperculturalidade – cultura e globalização
Filosofia do zen-budismo
Morte e alteridade
Favor fechar os olhos – em busca de um outro tempo
Sociedade paliativa – a dor hoje
Capitalismo e impulso de morte – ensaios e entrevistas

## CATEQUÉTICO PASTORAL

Catequese – Pastoral
Ensino religioso

## CULTURAL

Administração – Antropologia – Biografias
Comunicação – Dinâmicas e Jogos
Ecologia e Meio Ambiente – Educação e Pedagogia
Filosofia – História – Letras e Literatura
Obras de referência – Política – Psicologia
Saúde e Nutrição – Serviço Social e Trabalho
Sociologia

## TEOLÓGICO ESPIRITUAL

Biografias – Devocionários – Espiritualidade e Mística
Espiritualidade Mariana – Franciscanismo
Autoconhecimento – Liturgia – Obras de referência
Sagrada Escritura e Livros Apócrifos – Teologia

## REVISTAS

Concilium – Estudos Bíblicos
Grande Sinal – REB

## VOZES NOBILIS

Uma linha editorial especial, com importantes autores, alto valor agregado e qualidade superior.

## PRODUTOS SAZONAIS

Folhinha do Sagrado Coração de Jesus
Calendário de mesa do Sagrado Coração de Jesus
Agenda do Sagrado Coração de Jesus
Almanaque Santo Antônio – Agendinha
Diário Vozes – Meditações para o dia a dia
Encontro diário com Deus
Guia Litúrgico

## VOZES DE BOLSO

Obras clássicas de Ciências Humanas em formato de bolso.

CADASTRE-SE
www.vozes.com.br

**EDITORA VOZES LTDA.**
Rua Frei Luís, 100 – Centro – Cep 25689-900 – Petrópolis, RJ
Tel.: (24) 2233-9000 – Fax: (24) 2231-4676 – E-mail: vendas@vozes.com.br

UNIDADES NO BRASIL: Belo Horizonte, MG – Brasília, DF – Campinas, SP – Cuiabá, MT
Curitiba, PR – Fortaleza, CE – Goiânia, GO – Juiz de Fora, MG
Manaus, AM – Petrópolis, RJ – Porto Alegre, RS – Recife, PE – Rio de Janeiro, RJ
Salvador, BA – São Paulo, SP